Der Weg der Zufriedenheit

Lebe dein Leben zufrieden und glücklich

ULF DAHLKE

ISBN-10: 1533292035

ISBN-13: 978-1533292032

Verlag: CreateSpace Independent Publishing Platform

Impressum auf der letzten Seite

INHALTSVERZEICHNIS

DAS ABKOMMEN

Dieses Buch will dich nicht belehren. Es geht auch nicht um Lebensberatung oder Philosophie. Aber dies ist auch kein Buch zum Überfliegen, um es dann für immer zu schließen.

Dieses Buch ist mit der Absicht geschrieben zu helfen. Darum empfehle ich, dass du:

1. das Buch liest, ohne zu unterbrechen (falls du Zeit dazu hast).

2. die Methoden sofort in Taten umsetzt.

3. die Techniken jeden Tag ein paar Minuten übst. Die Grundkenntnisse hast du in kurzer Zeit gelernt; sie helfen dir, zufriedener und gelassener zu sein, weniger gestresst und weniger verärgert.

Hört sich das gut an? Falls ja, lass uns ein Abkommen treffen:

1. du tust die oben genannten drei Dinge.

2. du verpflichtest dich, auf deinem Computer alle

Programme zu schließen und dich ungestört mit dem Buch zu befassen.

3. ich dagegen verspreche, dir in kurzer Zeit ein paar nützliche Fähigkeiten zu vermitteln.

Okay – das wäre geklärt. Dann lass uns gleich loslegen. Ich freue mich, dass du hier bist. Danke für deine Zeit. Danke fürs Lesen.

DIE WURZEL DES PROBLEMS

Hast du mal darüber nachgedacht, wie die meisten unserer Probleme entstehen? Die Antwort ist: Unsere Probleme entstehen, weil wir unzufrieden mit uns und unserem Leben sind.

Nochmal: **Fast alle unsere Probleme entstehen durch Unzufriedenheit**.

Du glaubst mir nicht? Gut, dann lass uns doch mal ein paar Beispiele angucken:

1. **Süchtig nach Essen**: Bist du unzufrieden, suchst du Zufriedenheit in äußeren Dingen. Essen gibt dir ein zufriedenes Gefühl – leider hält es nur kurz an. Schon bald macht dich essen nicht mehr glücklich. Du schämst dich, dass du so viel isst und immer dicker wirst. Jetzt bist du unglücklich, weil du mit dem Essen nicht mehr aufhören kannst. Daraus entsteht oft eine Depression oder Ekel vor dem eigenen Körper, was häufig zur Bulimie (Ess-Brech-Sucht) führt.

2. **Süchtig nach Zigaretten, Alkohol, Tabletten oder Drogen**: Die gleichen Gründe und der gleiche Kreislauf, wie bei der Sucht nach Essen.

3. **Süchtig nach Internet, Video-Spiele, Porno**:

Ebenso die gleichen Gründe und der gleiche Kreislauf wie Punkt 1.

4. **Kaufen und Krempel**: Du kaufst Dinge, als wäre das Kaufen eine Quelle von externer Zufriedenheit und Glück. Gleichzeitig fürchtest du dich was passiert, wenn du all die Dinge nicht mehr hast. Das ist ein Mangel an Vertrauen, dass du auch glücklich und zufrieden sein kannst mit nichts als dir selbst, ohne den ganzen Krempel um dich herum.

5. **Angst vor Menschen**: Du hast Angst, was andere Menschen vielleicht über dich denken. Du hast deshalb Angst, weil du kein Vertrauen in dich hast; weil du unglücklich mit dir selbst bist.

6. **Unzufrieden mit dem Körper**: Du hast eine genaue Vorstellung von deiner Traumfigur – aber egal wie du dich anstrengst: Du erreichst sie nicht. Du willst oder kannst nicht akzeptieren: Dein Körper ist perfekt, so wie er ist – obwohl es natürlich immer gut ist, seine Gesundheit zu verbessern. Aber die Menschen lieben dich, weil du bist, wer du bist, und nicht wie du aussiehst.

7. **Angst, dein eigenes Geschäft zu starten**: Du hast Angst zu versagen, weil du kein Vertrauen in dich hast. Und du hast kein Vertrauen in dich, weil du unglücklich darüber bist, wer du bist.

8. **Scheitern, beim Schaffen neuer Gewohnheiten**: Du möchtest eine neue Gewohnheit in dein Leben bringen – vielleicht Meditation, Yoga oder

Jogging –, aber du glaubst nicht daran, länger durchzuhalten: Zu oft bist du schon gescheitert. Du bist überzeugt, ein unzuverlässiger Mensch zu sein; ein Mensch ohne Motivation, ohne Disziplin. Du hast kein Vertrauen mehr in dich.

9. **Eifersucht und Kontrollsucht**: Du hast Angst, dein Partner betrügt oder verlässt dich. Du redest dir ein, nicht gut genug zu sein, und niemand mit dir zusammen sein will, weil du nicht den Erwartungen anderer Menschen entsprichst.

10. **Neidisch auf andere Menschen und besorgt, etwas zu verpassen**: Du glaubst, jeder andere hat mehr Spaß im Leben als du. Das kommt daher, weil du unglücklich mit dem bist, was du gerade tust. Du denkst, alles was du machst ist nicht gut genug. Dabei liegt es nur daran, weil du glaubst, du bist nicht gut genug.

11. **Aufschieben**: Ständig schiebst du lästige Aufgaben vor dich hin. Lieber widmest du dich leichten und angenehmen Dingen. Unbequeme Aufgaben sind nichts für dich. Du schiebst sie lieber auf, weil du Angst davor hast zu versagen. Du hast kein Vertrauen in dich, wenn schwere Aufgaben dich herausfordern.

12. **Angst und Sorge**: Du hast eine genaue Vorstellung, wie die Dinge laufen sollen. Du möchtest exakt das Ergebnis, wie du es dir in deiner Fantasie vorstellst. Deine Angst kommt von der Sorge, dass dein gewünschtes Ergebnis nicht eintritt. Du hältst an dieser Wunschvorstellung fest, weil du glaubst, du kommst mit

einem unerwarteten Ergebnis nicht klar. Und wieder liegt es am fehlenden Vertrauen zu dir und deinen Fähigkeiten.

13. **Wut und Zorn**: Du hast eine ideale Vorstellung, wie ein Ereignis ausgehen soll, und du wirst wütend, wenn jemand oder etwas verhindert, dass dein Wunschergebnis eintritt. Du hältst an dieser Fantasie fest, weil du glaubst, du kommst mit einem unerwarteten Ergebnis nicht klar. Das liegt ebenfalls an dem fehlenden Vertrauen zu deinen Fähigkeiten.

Ich könnte noch mehr Beispiele geben, doch das Muster ist bei vielen dieser „Probleme“ gleich – sie zeigen sich nur in verschiedenen Formen. Ein paar Schlüsselpunkte sind es, die sich in vielen Problemen immer nur wiederholen.

Die Schlüsselpunkte verbunden mit Unzufriedenheit:

1. Ein Ideal oder eine Fantasie, woran wir festhalten

2. Unglücklich darüber wer wir sind

3. Mangel an Vertrauen in uns und unsere Fähigkeiten

4. Suche nach Glück außerhalb, in externen Quellen

Aufgabe: Nimm dir etwas Zeit und denke darüber nach, welche Probleme der oben genannten Beispiele (und andere) du haben könntest – sei aber bitte ehrlich zu dir. Kannst du in jedem Problem die Wurzel der Unzufriedenheit mit dir und deinem Leben sehen?

DAS WAS & WARUM DER ZUFRIEDENHEIT

Was ist Zufriedenheit? Für jeden Menschen bedeutet das Wort gewiss etwas anderes. Für mich bedeutet es: zufrieden mit dem zu sein, wer ich bin – viele Jahre war ich unzufrieden mit mir, und ich denke, den meisten Menschen geht es ebenso.

Inzwischen hat sich mein Leben verändert. Ich habe meine Zufriedenheit gefunden; bin glücklich darüber, wer ich bin; bin glücklich, ein bescheidenes Leben zu führen; bin glücklich, keinen Luxus zu brauchen; bin glücklich über den inneren Frieden und geistige Freiheit – das ist wahres Glück und Zufriedenheit.

Reichtum und Macht sind für viele Menschen ein Ziel, nach dem sie ihr Leben lang streben – weil sie glauben, erst dann glücklich zu sein. Wer jedoch nur nach Besitz und Macht giert, wird nie zufrieden sein. Die Gier, immer mehr zu besitzen, macht unzufrieden und unglücklich.

Arme Menschen sind oft glücklicher als reiche. Weder sind sie beruflich erfolgreich, noch haben sie Reichtum und Macht. Dennoch sind sie zufrieden mit sich und ihrem Leben. Zufriedenheit ist etwas, was du sofort haben kannst – und nicht erst später, nachdem du bestimmte Ziele erreicht hast oder finanziell erfolgreich bist.

Aufgabe: Frage dich, ob du jetzt gerade zufrieden bist? Falls nicht: Wann bist du zufrieden? Was hält dich auf?

DER WEG DER ZUFRIEDENHEIT

Warum sind wir als Erwachsener unzufriedener, als in unserer Kindheit? Als Kind machten wir, was wir wollten. Wir fanden uns toll, so wie wir waren. Wir dachten nicht darüber nach, was andere über uns denken. Doch etwa ab der Pubertät verlieren wir nach und nach diese Eigenschaft. Plötzlich ist es uns wichtig, was andere über uns denken. Eltern, Freunde, Kollegen, die Medien und peinliche Situationen, haben diese gute Eigenschaft in uns vernichtet.

Als Erwachsener zweifeln wir oft und urteilen streng über uns. Wir mögen unseren Körper nicht. Wir mögen unseren Mangel an Motivation nicht. Wir mögen alle unsere kleinen Fehler nicht, obwohl sie menschlich und natürlich sind – letztendlich mögen wir unser ganzes Leben nicht.

Und was machen wir? Wir versuchen ständig, diese kleinen Fehler und Mängel zu beheben. Wir sind mangelhaft und wollen unbedingt besser werden – fehlerfrei. Oder wir sind unglücklich, weil wir daran zweifeln, dass wir uns jemals verbessern können. Oder noch schlimmer: Wir sabotieren unsere Versuche, uns zu ändern, weil wir nicht daran glauben, dass wir es schaffen.

Wir entwickeln ein schlechtes Bild von uns. Daraus entsteht Unzufriedenheit mit dem Leben, Probleme in Beziehungen, beruflicher Stillstand und zuletzt sind wir mit allem unzufrieden. Dazu kommen oft: Alkohol, ungesunde Ernährung, Bewegungsmangel sowie die Sucht nach Internet, Video-Spiel und häufig auch die Flucht in illegale Drogen.

Und was ist nun der »Weg der Zufriedenheit« mit dir und deinem Leben?

Dein Mangel an Selbstvertrauen ist das erste Problem – ein enorm wichtiger Bereich, an dem hart gearbeitet werden muss.

Du wirst nie zufrieden mit dir sein, wenn du dir selbst nicht vertraust. Stell dir vor: Du hast einen Freund, der ständig sein Wort bricht, immer zu spät kommt oder Verabredungen nicht einhält. Irgendwann ist dein Vertrauen in den Freund weg. Und so ist das auch mit dir: Wenn du dir nicht vertraust, ist es schwer, dich selbst zu mögen.

Du musst deshalb daran arbeiten, langsam wieder Selbstvertrauen zu bekommen und dich selbst wieder zu mögen. Dazu gibt es später ein paar praktische Tipps.

Das zweite Problem ist: Du bewertest dich zu schlecht. Ständig vergleichst du dich mit deinen Idealen und Wunschbildern: Du möchtest die perfekte Figur, den perfekten Partner und perfekte Kinder. Du möchtest private und berufliche Ziele erreichen. Du möchtest Sprachen lernen und in ferne Länder reisen.

Du möchtest unglaubliche Leistungen vollbringen.

Okay, das sind alles realistische Ziele, richtig?

Das Problem ist: Wir vergleichen uns dauernd mit unseren Idealen - und schneiden dabei immer schlecht ab.

Der Weg der Zufriedenheit ist: Hör auf, dich mit deinen Idealen zu vergleichen. Hör auf, dich ständig abzuwerten. Löse dich von deinen Wunschbildern. Lerne, dir schrittweise wieder zu vertrauen.

Aufgabe: Denke über deine Wunschbilder und Ideale nach, mit denen du dich vergleichst. Frage dich auch, ob du dir zutraust weiterzumachen, Veränderungen beizubehalten, und die Dinge zu tun, die getan werden müssen?

ZUFRIEDENHEIT IST NICHT,

NICHTS ZU TUN

Lass uns kurz über Zufriedenheit und Veränderung reden. Zufriedenheit wird oft mit Faulenzen und Nichtstun verwechselt. Warum etwas tun, wenn du zufrieden bist, so wie die Dinge sind? Wie passt Zufriedenheit zu persönlicher Entwicklung?

Wenn du in deinem Leben etwas ändern möchtest, ist ein zufriedener Zustand ein besserer Start, als unglücklich darüber zu sein, wer du bist.

Die meisten von uns möchten sich verbessern, um das zu ändern, was wir an uns nicht mögen – daran ist auch nichts falsch. Aber es ist es kein guter Start, mit solchen Veränderungen zu beginnen.

Warum nicht?

Weil, wenn du überzeugt davon bist, dass mit dir etwas nicht stimmt, drängt es dich zwanghaft danach, dich unbedingt verbessern zu müssen. Dabei kannst du erfolgreich sein oder scheitern – nimm an du scheiterst: Dann bist du noch unzufriedener mit dir; die negativen Gedanken verstärken sich; das unglückliche Gefühl wird noch unerträglicher. Dein letztes Selbstvertrauen ist jetzt auch weg, und du versuchst erst gar nicht mehr, was zu ändern, da du eh weißt: Du versagst wieder. Und woher weißt du das? Weil dein Wissen aus den früheren Erfahrungen und Misserfolgen entsteht.

Falls du aber Erfolg hast, bist du auch weiter erfolgreich. Vielleicht hast du gerade 10 Kg abgenommen und bist jetzt nicht mehr so unglücklich über deinen Körper.

Jedoch birgt dieser Erfolg auch seine Gefahren, denn: Hast du erst mal die innere Einstellung, Dinge an dir zu verbessern, die dir nicht gefallen, dann wirst du ständig etwas suchen, was du noch verbessern kannst – vielleicht ist deine Nase zu lang, deine Beine zu krumm, oder deine Ohren zu abstehend. Und wenn es nicht um den Körper geht, findest du was anderes.

Dieser endlose Zyklus wird dein Leben lang andauern – das Ziel erreichst du jedoch nie. Und wenn du den Drang hast, dich unbedingt verbessern zu müssen, aber das Gefühl hast, auf der Stelle zu treten, nicht weiterzukommen, sogar wenn du Erfolg hast: Dann bist du ständig auf der Suche nach Glück und Zufriedenheit in äußeren Quellen. Du suchst nach externer Befriedigung, weil du die Zufriedenheit von innen heraus nicht finden kannst.

Zufriedenheit ist leicht in äußeren Dingen zu finden: Essen, Trinken, Partys, Einkaufen, Arbeit, Drogen ...

Aber du brauchst keine externen Quellen, um zufrieden zu sein. Du hast bereits eine innere und sehr zuverlässige Quelle – du musst sie nur aktivieren und die Zufriedenheit von innen finden.

Zufriedenheit wird oft falsch verstanden. Den ganzen Tag nur Fernsehen, Essen und faul auf der Couch liegen, hat nichts damit zu tun.

Vielleicht bist du zufrieden, wenn du faulenzt. Aber du kannst auch glücklich sein, wenn du anderen Menschen hilfst. Mitgefühl für andere und der Wunsch zu helfen, kann ein starkes Gefühl von Zufriedenheit auslösen.

Aufgabe: Denke über die Dinge nach, die du an dir ändern möchtest. Danach versuche, ein paar Eigenschaften zu finden, die du an dir magst und dich wirklich glücklich machen.

VERGLEICHE MIT DEM, WAS DU NICHT HAST

Ein ganz wichtiger Auslöser für Unzufriedenheit, ist immer wieder: der Vergleich mit anderen Menschen und dir selbst. Du vergleichst dein Leben mit ihrem Leben; vergleichst, was sie erreicht haben, mit dem, was du erreicht hast – du schneidest dabei meist schlecht ab.

In Wahrheit vergleichst du dich mit einem Fantasie-Bild. Du weißt doch gar nicht, wie diese Menschen sind, mit denen du dich vergleichst. Du siehst nur ihre guten Seiten und Eigenschaften. Aber weißt du, wie es innen aussieht? Schließlich haben auch sie Ängste, Sorgen, Zweifel, sind unglücklich und unzufrieden. Aber das siehst du nicht, denn ihre Pickel und Hämorrhoiden teilen sie nicht mit dir – nur ihren Reichtum und schöne Urlaubsbilder.

Du vergleichst dich mit einer Illusion. Dadurch steigen in deinem realen Leben Wünsche auf, so zu sein und zu leben wie deine Fantasie-Bilder. Leider merkst du nicht, wie sehr du dir damit schadest und immer unglücklicher wirst.

Falls du wieder mal die schlechten Seiten deines Lebens, mit den guten Seiten eines anderen vergleichst:

Hör sofort auf damit. Du tust dir nur weh.

Versuche stattdessen, den gegenwärtigen Moment bewusst zu erleben – und sei zufrieden damit. Dein Leben findet im »Jetzt« statt. Sei dankbar für den jetzigen Moment. Erlebe ihn stets achtsam und bewusst.

Aufgabe: Erinnere dich an Zeiten, in denen du dich mit anderen Menschen verglichen hast. Was haben die anderen getan, besonders in letzter Zeit? Woher hast du das Fantasie-Bild, die Illusion von den anderen, mit denen du dich vergleichst? Filme, Zeitschriften, Nachrichten, Blogs, soziale Medien ...?

BEOBACHTE DEINE WUNSCHBILDER & ERWARTUNGEN

Unser Leben ist eine Serie von Fantasien – Wunschbilder und Erwartungen –, aber leider ist uns meist nicht bewusst, dass wir sie haben.

Wir alle haben Fantasien, und manchmal ist es schön, sich darin zu verlieren. Probleme entstehen, wenn das Leben nicht so läuft, wie es sich in der Fantasie abspielt.

Die Realität ist wunderbar, aber sie schneidet immer schlecht ab, wenn wir sie mit unseren Wunschbildern vergleichen. Unsere Fantasie soll Wirklichkeit werden, wünschen wir uns. Deshalb sind wir unzufrieden und unglücklich mit unserem Leben.

Das ist auch der Grund, warum wir Zufriedenheit und Glück in äußeren Dingen suchen. Wir glauben, die Dinge aus externen Quellen sind genau das, was wir brauchen, und wenn wir erst dieses oder jenes haben, dann ist unser Leben endlich so glücklich und zufrieden, wie in unserer Fantasie. All das entspricht aber nicht der Wahrheit. Wir merken es spätestens, wenn wir diese externen Dinge besitzen: Sie machen uns nur kurzfristig Freude. Langfristig machen sie uns nicht so glücklich, wie wir zuerst gehofft hatten. Aber statt daraus zu lernen, fantasieren wir bereits über das nächste Ding, welches uns glücklich machen soll – der Zyklus wiederholt sich.

Ein paar Beispiele unserer Fantasien:

Wir träumen von einem perfekten Partner, der uns glücklich macht, uns immer liebt, romantisch ist, stets um uns besorgt und uns von den Lippen liest, was wir brauchen.

Wir sehen einen Menschen mit einem traumhaften Körper und fantasieren darüber, wie wir auch so kräftige Arme, flachen Bauch oder so hübsche Beine bekommen.

Wir fantasieren über den perfekten Tag.

Wir fantasieren über neue Gewohnheiten, die wir uns aneignen möchten – sind aber weder motiviert noch diszipliniert dazu.

Wir fantasieren, dass andere Menschen immer interessiert an unseren Erlebnissen sind; sie alles hören wollen, was wir zu sagen haben; ihnen unsere Bedürfnisse wichtiger sind als alles andere.

Wir bemerken diese Fantasien nicht immer. Erst wenn wir enttäuscht sind, traurig, oder wütend auf uns selbst oder andere, ist das ein sicheres Zeichen: Wir hatten eine Fantasie, die leider nicht wahr geworden ist.

Wir sind unzufrieden, weil wir diese Ideale nicht erreichen: Den perfekten Körper, den perfekten Job, perfekte Gewohnheiten, perfekt in allem zu sein und niemals zu versagen.

Wir sind mit anderen Menschen unzufrieden, weil sie sich nicht so verhalten, wie wir uns vorstellen: Immer freundlich zu uns, gut gelaunt, nie zornig und stets um uns und unsere Bedürfnisse besorgt; niemals abweisend, grob oder ignorant; immer pünktlich und ihren Müll aufräumen, wenn sie zu Besuch kommen.

Wir sind mit unserem Leben unzufrieden, weil unsere Fantasie, wie unser Leben sein soll, nicht zur Wirklichkeit wird: Ein schönes Haus, toller Job, immer gutes Wetter, stets glücklich und von Menschen umgeben, die uns lieben. Und dass wir niemals etwas Wichtiges verlieren und all diese großartigen, perfekten Dinge in unserem Leben sich niemals ändern.

Aber wahre Zufriedenheit ist, diese Fantasien loszulassen. Zu erkennen: Das Leben ist wunderbar ohne sie. Die Menschen um uns herum sind wunderbar, auch ohne Fantasien. Und wir sind wunderbar, ohne Fantasien.

Wie können wir unsere Fantasien loslassen? Als erstes, indem wir uns ihrer bewusst werden. Beobachte sie. Erkenne bewusst, wenn du fantasierst. Begreife: Du brauchst keine Fantasien. Lass sie los und fühle dich gut dabei. Erlebe achtsam und bewusst die Realität. Erkenne: Das Leben ist großartig, so wie es ist, ohne die Wunschbilder. Es ist alles da – du musst nur lernen, es zu sehen.

Aufgabe: Mach dir eine Notiz, wenn du enttäuscht bist, frustriert, gestresst, unglücklich, zornig ... Schreibe auf, welchen Fantasien du in solchen Momenten hast. Diese Übung hilft, die Fantasien loszulassen.

WERBUNG & FANTASIEN

Werbung ist der größte Auslöser für Kaufsucht. Und dass Menschen mit ihrem Leben unzufrieden sind, ist leider auch der Werbung zu verdanken. Werbung erzeugt falsche Bedürfnisse. Plötzlich brauchen wir unbedingt ein neues Handy, ein neues Auto, ein neues Küchengerät oder ständig neue Klamotten, weil Werbung solche Bedürfnisse in uns weckt und Fantasien in unseren Köpfen auslöst.

Werbung ist höchst effektiv. Wir bemerken es nicht, aber unser Unterbewusstsein schluckt gierig die Botschaften, die uns die Werbung vermittelt und wandelt sie in Verlangen um. Werbung sät Verlangen in unseren Köpfen. Dadurch entwickeln wir die innere Einstellung: Egal welches Problem es gibt, etwas zu kaufen ist die Lösung. Werbung vermittelt die Denkweise, dass Kaufen die Norm ist und es gar keine andere Wahl gibt.

Und Werbung ist überall. Aus jeder Ecke werden wir mit Werbung bombardiert. Wir akzeptieren sie als einen Teil unseres Lebens – so beherrschend ist Werbung. Sie hilft uns nicht, aber beeinflusst unseren Verstand und was wir denken. Egal, ob du Fernsehen guckst, Zeitung liest oder im Internet surfst: Überall schreit dich Werbung an. Wir sehen Werbung auf fast jeder Website, in E-Mails, auf Bussen, Plakaten, bei Sportereignissen, Autorennen, öffentlichen Plätzen, bevor ein Film anfängt und im Film besonders die platzierte Werbung – überall ist Werbung.

Wir können der Werbung widerstehen, indem wir nicht in die Fantasie-Falle tappen; uns keine Wünsche einpflanzen lassen, die die Werbung versucht zu erschaffen. Lass Werbung keine falschen Bedürfnisse in deinem Kopf erzeugen. Lass sie nicht mit deinen Sorgen und Ängsten spielen.

Als Erstes kannst du im Fernsehen die Sender gucken, die weniger Werbung zeigen; mit Werbung überfüllte Zeitschriften nicht mehr lesen; Zeitungsbeilagen mit Werbung ungelesen in den Müll schmeißen; Websites mit zu viel Werbung schnell wieder verlassen oder einen Werbeblocker installieren; Newsletter mit Werbung wieder kündigen.

Aber noch wichtiger ist: die Werbung näher zu betrachten; sie bewusst zu studieren, welche Nachricht sie vermitteln soll, und welche falschen Bedürfnisse sie in uns erzeugen soll. Wenn du Werbung auf diese Art siehst, wirst du bewusster und weniger empfänglich für die Taktik der Werbung.

Du kannst auch deine angeblich so wichtigen „Bedürfnisse“ kritisch untersuchen. Du wirst feststellen: Die meisten von ihnen sind erfunden – Fantasie-Objekte. Diese Fantasie-Bedürfnisse können gelöscht werden. Dafür braucht es nur die Bereitschaft dazu.

Aufgabe: Untersuche eines deiner erfundenen Fantasie-Bedürfnisse. Stell dir folgende Fragen: Warum ist es ein so wichtiges Bedürfnis? Was passiert, wenn du dieses Bedürfnis auslöscht? Wie gut wäre das? Hättest du mehr Freizeit und mehr Zeit, um konzentriert und kreativ zu sein? Oder weniger Stress und jeden Tag ein paar Dinge weniger zu kontrollieren? Welche schlechten Dinge passieren oder könnten passieren, wenn du das Bedürfnis löscht? Und wie wahrscheinlich ist es, dass diese schlechten Dinge passieren? Und was könntest du dagegen tun?

BAUE VERTRAUEN AUF

Scheitern wir dauernd an unseren Gewohnheiten, verlieren wir das Vertrauen in uns. Irgendwann glauben wir, zu nichts fähig zu sein – schon gar nicht für längere Zeit bei einer Gewohnheit zu bleiben und motiviert durchzuhalten. Wir fühlen uns schuldig, manchmal sogar angeekelt von uns selbst. Diese Situation ist schlecht für neue Gewohnheiten, und es ist die Ursache für unsere Unzufriedenheit.

Wenn wir mit einer neuen Gewohnheit starten, müssen wir fest daran glauben, durchzuhalten und erfolgreich zu sein. Zweifeln wir jedoch an uns, wenn die Dinge etwas schwieriger werden, versagen wir meistens. Das Gefühl, aufgeben zu wollen, wird stärker. Und dann spricht die Stimme im Kopf: „Siehst du, ich wusste, dass das passiert. Es bestätigt mir, was ich schon vorher wusste. Du bist ein Versager." Und dann hören wir auf, statt die negative Stimme und das Gefühl „aufgeben zu wollen", einfach zu ignorieren und weiterzumachen, durchzuhalten – und schon wieder haben wir einmal mehr versagt.

Wir verlieren das Vertrauen in uns aus diesen Gründen: Wir urteilen schlecht über uns und glauben fest an diese negative Ansicht. Wenn wir an einer neuen Gewohnheit scheitern – was selbst für die disziplinierten Menschen unvermeidbar ist –, benutzen wir das Scheitern, um schlecht über uns zu urteilen.

Wir sagen: „Was zum Geier ist los mit dir? Warum kannst du nicht einmal bei etwas bleiben, was du anfängst? Was stimmt nicht mit dir? Verdammt, ich wünschte, du könntest es besser. Du kannst einfach nicht durchhalten. Du bist ein Versager."

Für einige von uns sind das die Stimmen der Eltern oder eines Elternteils. Oder es sind die Geschwister, andere mehr oder weniger enge Verwandte oder die Schulkameraden. Oder es ist eine Stimme, die alle Stimmen widerspiegelt, die uns jahrelang kritisiert haben.

Diese Stimme kritisiert uns in einer schlechten Weise. Sie treibt uns dazu, schlecht über uns zu denken; uns nicht zu mögen; uns nicht zu vertrauen. Aber: Die Stimme hat Unrecht; sie ist nur eine Stimme in unserem Kopf. Wir brauchen ihr nicht zuhören und ihr erst recht nicht glauben, selbst wenn sie ständig spricht.

Wir versagen an einer Gewohnheit und kritisieren uns dann selbst. Noch schlimmer: Wir verinnerlichen das Versagen nicht als „etwas, was passieren kann und ich es ändern muss." Nein. Im Gegenteil. Wie sehen das als „einen Hinweis, unzuverlässig und nicht gut genug zu sein." Das lastet schwer auf unserem Selbstwertgefühl.

Trotzdem passiert es wieder. Und wieder. Und jedes

Mal fühlen wir uns schlechter; fühlen uns noch wertloser. So ist es höchst wahrscheinlich, auch beim nächsten Mal wieder zu versagen. Dieses Muster kann über Jahre andauern.

Wie gewinnst du das Vertrauen in dich zurück?

Da gibt es ein paar Fähigkeiten, die du lernen musst:

1. **Erkenne: Scheitern ist kein Grund, sich selbst zu verurteilen**. Das zu erkennen, ist enorm wichtig – und wenn du aus diesem Buch nichts anderes lernst, als diese Erkenntnis. Statt zu verinnerlichen: Scheitern ist ein Hinweis, dass du unzuverlässig und erfolglos bist, lerne zu erkennen: Scheitern ist nur ein externes, ein äußeres Ereignis. Okay, du warst daran beteiligt, aber es ist, als wenn du einen Ball auf eine Dose wirfst. Triffst du nicht, bedeutet das etwa, du bist unzuverlässig und ein schlechter Mensch? Nein. Es bedeutet, du musst deinen Wurf auf die Dose anpassen, damit du triffst. Vielleicht näher herangehen, kräftiger werfen, eine größere Dose aufstellen ... in diesem Spiel gibt es keine Regeln. Du kannst einen Weg finden, um den erfolgreich zu gehen.

Scheitern ist nur ein Hinweis darauf, dass du etwas an deiner Methode, deiner Herangehensweise ändern musst – mehr nicht.

2. **Verzeih dir selbst die früheren Fehler**. Bevor

du dir wieder selbst vertrauen kannst, musst du deine alten Fehler und die negativen Gefühle, die mit ihnen verbunden waren, loslassen und sie vergessen. Nimm dir dafür jetzt ein paar Minuten Zeit. Ja, du bist gescheitert. Ja, das ist okay. Wir alle scheitern. Das ist kein Grund, um dich zu verurteilen und als Versager abzustempeln. Lass es los! Mach dir immer wieder klar: Du bist gut genug. Das Scheitern war nicht deine Schuld, sondern vielmehr die Schuld der Methode, der Herangehensweise.

3. **Gib dir selbst Versprechen und halte sie**. Dieser Teil dauert länger, denn Vertrauen gewinnst du nicht über Nacht zurück. Gib dir anfangs nur kleine Versprechen – so kleine wie möglich. Wenn zum Beispiel Yoga deine Gewohnheit ist, sag dir selbst: Alles was du tun musst, ist, dich auf die Yoga-Matte zu begeben. Dazu brauchst du keine fünf Minuten. Dann tue alles, um das Versprechen zu halten. Das gleiche gilt auch für die Nicht-Gewohnheiten: Fang einfach an zu schreiben; iss einfach mal ein Stück Fleisch weniger; gib dem Essen einfach mal ein Stück Gemüse hinzu; schalte einfach mal dein Handy ab, wenn du in Ruhe ein Buch lesen willst. Kleine Versprechen, aber große Mühe sie einzuhalten. So lernst du nach und nach, dir wieder selbst zu vertrauen. Du lernst: Du bist ein zuverlässiger Mensch.

4. **Lerne, durch schwierige Zeiten zu kommen**. Sicher gibt es immer wieder Tage, wo du keine Lust hast, deiner Gewohnheit nachzukommen – zum Beispiel wenn du vom Gefühl her bereits aufgeben willst. Oder

du machst ein paar Tage Pause – egal aus welchen Gründen – und tust dich schwer damit, die Gewohnheit wieder aufzunehmen. Das sind Tiefen in deiner Motivation. Jetzt braucht es etwas extra Anstrengung, um da durchzukommen. Erkenne die negativen Gedanken, die du dir machst, ob du fähig bist, diese schwierige Zeit zu überstehen. Erkenne die schlechten Gedanken, aber höre ihnen nicht zu. Sage dir stattdessen: Alles, was du tun musst, ist, ein wenig extra Motivation zu finden. Du könntest zum Beispiel Freunde oder Familie um Hilfe fragen. Oder in einem Internet-Forum um Unterstützung bitten. Nimm es als eine Herausforderung, über diesen Knackpunkt zu kommen.

Vier Schritte. Keiner davon leicht. Aber keiner so schwer, dass du ihn nicht erfüllen kannst. Du schaffst das. Du kannst auf dich vertrauen, neue Gewohnheiten zu bilden und an ihnen zu haften. Und wenn du dieses Vertrauen hast, kann dich nichts aufhalten.

LIEBE DICH SELBST

Warum glauben wir, unser Körper ist nicht gut genug? Das ist ein deutlicher Hinweis auf unsere Angst: Wir sind nicht gut genug.

Dabei sind nur wenige Menschen glücklich mit ihrem Körper.

Noch mal: Fast kein Mensch ist glücklich mit seinem Körper. Du nicht, ich nicht, und nicht mal die berühmten Stars, die du im Fernsehen immer so bewunderst und beneidest.

Wir glauben, wir sind zu fett oder zu unsportlich. Oder zu klein, zu dünn, komisch aussehend. Oder wir haben gar kein Übergewicht, wollen aber trotzdem fünf Kilo abnehmen. Oder wir brauchen mehr Muskeln, größere Titten, mehr Bräune. Vielleicht ist unsere Haut zu dunkel, zu weiß, unsere Augen zu dicht zusammen, oder das Haar nervt, oder die Zehen sind hässlich, oder …

Erkennst du, was wir mit uns machen? Wir fangen an, uns zu hassen. Es ist eine Form von Selbst-Hass, der Depression, Unsicherheit und Unzufriedenheit auslöst – und darum nach Glück und Zufriedenheit in externen Dingen sucht.

Wir verurteilen uns auf Grund unserer Fantasien, wie wir gerne sein möchten. Wir können anfangen dagegen anzugehen, wenn wir erkennen, wie verrückt und ungesund diese Fantasien sind.

Okay – was können wir tun?

Wir fangen damit an, zu erkennen: Wir haben diese Fantasien, Wunschbilder und unrealistische Erwartungen – sie sind jedoch absolut unnötig und überflüssig. Lass sie uns loslassen.

Jetzt zu den Vergleichen: Warum müssen wir uns mit anderen vergleichen oder mit dem Bild, was wir von anderen haben? Wir wissen bereits, andere Menschen sind auch fehlerhaft. Was bringt uns dann das Vergleichen? Gar nichts. Es hilft uns nichts und ist schädlich. Lass es uns loslassen.

Was ist mit dem Verurteilen? Müssen wir wirklich über uns selbst urteilen? Müssen wir sagen: „Das ist gut, aber das nicht?“ Können wir nicht einfach sagen: „Ich liebe alles von dem, ohne darüber zu urteilen?“ Ist das nicht so, wie wir unsere Eltern, Kinder, Ehepartner behandeln – vollkommen, bedingungslos und ohne zu bewerten? Können wir unseren Körper nicht auf die gleiche Weise lieben – vollkommen, bedingungslos und ohne zu bewerten?

Wenn wir unsere Fantasien, Erwartungen, Vergleiche und Bewertungen wegwerfen, gehen die schlechten Gefühle und schlechten Bilder mit ihnen.

Bemerkst du solche Bewertungen, erkenne: Sie helfen dir nicht, sondern schaden dir, indem sie diese schlechten Bilder von dir erzeugen und dich verunsichern.

Du solltest trotzdem versuchen, gesund zu leben – gesund zu essen, gesunde sportliche Gewohnheiten anzunehmen –, aber du kannst das, ohne schlecht über deinen Körper zu urteilen. Akzeptiere deinen Körper so wie er ist. Mach gesunde Dinge, weil du Spaß daran hast und aus Mitgefühl für dich selbst.

All das braucht Übung. Über Nacht schaffst du es nicht. Deshalb noch mal: Fang beim Erkennen und Loslassen an. Fang an, deinen Körper zu lieben – ohne Bewertung, ohne Vorbehalt, ohne zu wünschen, er wäre etwas anderes als das, was er ist: hübsch und du.

Aufgabe: Guck in den Spiegel – nackt, wenn es geht. Betrachte deinen Oberkörper und dein Gesicht. Was siehst du? Erkennst du an dir, was du so schlecht bewertest und mit anderen vergleichst? Dein genaues Fantasie-Bild erkennst du vielleicht nicht, aber es basiert auf Bildern aus den Medien oder auf etwas anderem, was du in deinem Leben gesehen hast.

Versuche, deinen Körper und Gesicht zu sehen, ohne darüber zu urteilen. Akzeptiere ihn so, wie er ist – ohne zu denken: „Ich wünschte, ich wäre anders.“ Es ist nicht anders; es ist so, wie es ist. Und das ist die perfekte Version, wie auch immer sie ist; es gibt keine bessere

Version davon.

DER VERSUCH, ZUFRIEDENHEIT IN ÄUSSEREN QUELLEN ZU FINDEN

Es gab eine Zeit in meinem Leben, in der ich süchtig war nach Zigaretten, Junk-Food, Fernsehen, Einkaufen und mehr, während ich unglücklich war und Probleme in meiner Beziehung hatte.

Was war die allgemeine Ursache für all diese Probleme? Ich war unglücklich, also versuchte ich, Glück und Zufriedenheit außerhalb zu finden, in externen Dingen.

Lass uns Essen als Beispiel nehmen, weil es ein so allgemeines Symptom ist. Ich war unglücklich, aber ich wusste: Essen machte mir Spaß – Schokolade oder Kartoffelchips futtern, war das reinste Vergnügen, und ich fühlte mich für ein paar Minuten gut. Dieser Prozess der Rationalisierung wurde vom Unterbewusstsein gesteuert, ohne dass ich mir in den meisten Momenten darüber bewusst war.

Nachdem ich gegessen hatte, fühlte ich mich schuldig, ungesund und schlecht. Ich war sogar noch unglücklicher als vorher. Und so würde der Kreislauf weitergehen: Um mich wieder gut zu fühlen, musste ich wieder essen.

Fast jeder von uns erlebt das: Wir suchen nach Glück, in den Menschen und Dingen um uns herum – statt es in uns selbst zu suchen und zu finden. Und die Freude, die wir von den äußeren Dingen erhalten, ist nicht mal für ewig, sondern nur für kurze Zeit. Unsere Zufriedenheit geht hoch und runter, abhängig davon, ob uns diese Dinge gerade vergnügen oder nicht.

Vielleicht erkennst du es nicht, aber möglicherweise ist es etwas, was du in mindestens einem Bereich deines Lebens tust. Dazu zähle ich gleich ein paar Beispiele auf, die das Glück in externen Quellen suchen. Ich verurteile keinen damit. Oft genug habe ich selbst das Gleiche getan – und tue es teils noch. Ich denke, es ist etwas, was jeder Mensch tut. Das heißt aber nicht, dass wir es nicht ändern können. Wir können es ändern; langsam und schrittweise.

Dies sind ein paar Beispiele, in denen Glück und Zufriedenheit bei anderen Menschen oder Dingen gesucht wird:

1. **Ehepartner oder Freund/Freundin**. Das ist ein allgemeines Problem. Wir haben unsere Vorstellung, wie eine romantische Partnerschaft sein soll und erwarten, dass unsere Partner uns in vielfältiger Weise glücklich machen. Wir möchten, dass sie uns lieben, romantische oder sexy Dinge tun, uns auf tausend verschiedene Arten zeigen, wie besorgt sie um uns sind, und unsere Bedürfnisse vor allen anderen (inklusive ihren eigenen) stellen. Zudem sollen sie immer freundlich sein, rücksichtsvoll und nachsichtig. Das ist natürlich eine Fantasie. Und diese Fantasie wird immer

zerstört, wenn du in der Realität eine langfristige Beziehung hast. Dein Partner hat eigene Probleme und wird ab und zu wütend, traurig oder grob sein, und nicht immer das perfekte Bild eines romantischen Partners abgeben. Was bedeutet das für unsere Zufriedenheit? Wenn unsere Partner uns lieben und großartig zu uns sind, dann machen sie uns glücklich. Aber wenn sie es nicht sind, dann sind wir wütend, enttäuscht oder depressiv. Warum lieben sie uns nicht mehr? Und so fühlen wir: Wir sind nicht liebenswert und haben Angst, dass sie uns ablehnen.

2. **Süchte**. Essen, Alkohol, Drogen, Video-Spiele, Internet, Fernsehen, Porno ... Jedes dieser Dinge bereitet uns Vergnügen – zumindest kurzfristig. Und darum sind sie ein zuverlässiger Weg, um glückliche Momente zu finden. Unsere Partner können wir vielleicht nicht beherrschen oder unsere Kinder, Kollegen oder sogar unsere Arbeit nicht. Aber wir können diese Dinge beherrschen, und wenn wir essen wollen: normalerweise können wir es. Wenn wir Kiffen oder Bier trinken wollen: normalerweise können wir es. Leider machen uns diese Dinge nur zeitweise glücklich, und wenn sie gerade nicht zu haben sind, dann wollen wir sie. Wir sind unglücklich, weil unsere Zufriedenheit davon abhängt, ob wir sie benutzen oder nicht. Darum kommen wir immer wieder zurück zu diesen Dingen, um mehr davon zu bekommen, um endlich wieder glücklich zu sein. So geht es weiter und weiter.

3. **Spaß und Spannung**. Das zeigt sich auf viele Arten: Menschen mögen Partys, Tanzen, Trinken mit Freunden oder wenn man ausgeht, auch mit fremden Menschen, mit denen man zufällig ins Gespräch kommt. Oder wir suchen Spannung in Abenteuer-Sport oder Reisen. Sport, Reisen oder mit Freunden ausgehen ist gewiss nicht verkehrt – der Punkt ist: zu beobachten, ob du deine Zufriedenheit in diesen Dingen suchst. Und wenn die Dinge nicht greifbar sind, bist du dann unglücklich und unzufrieden? – denn du kannst ja nicht jeden Moment Spaß oder Spannung haben. Und wenn du es nicht hast, sinkt deine Zufriedenheit.

4. **Arbeitswütig**. Wenn du nur arbeitest, oder süchtig danach bist, immer voll beschäftigt zu sein, dann suchst du deine Zufriedenheit in der Arbeit. Noch einmal: An Arbeit ist nichts verkehrt. Es ist auch nichts falsch daran, wenn du deine Arbeit gerne tust oder sogar liebst. Ich liebe das Schreiben und erhalte ein Gefühl von Zufriedenheit dadurch. Aber du solltest darauf achten, was passiert, wenn du nicht arbeitest. Ist da ein Gefühl von Sehnsucht, wieder an die Arbeit zu gehen? Ist die Arbeit der Platz, an dem du Glück und Zufriedenheit suchst? Falls ja, wirst du nur beim Arbeiten zufrieden sein.

Aufgabe: Im nächsten Kapitel geht es darum, wie wir von den externen Quellen der Zufriedenheit loskommen. Bitte nimm dir jetzt etwas Zeit, um über deine externen Quellen des Glücks und der Zufriedenheit nachzudenken. Was macht dir Spaß? Was macht dich glücklich? Und was passiert, wenn diese Dinge oder Menschen nicht greifbar sind, um dich zufrieden und glücklich zu machen? Wie fühlst du dich dann?

Beobachte dich selbst, wenn du diese Arten von Vergnügen suchst. Beobachte, wenn du Bestätigung und Zufriedenheit bei deinen Partnern suchst. Beobachte was passiert, wenn sie nicht da sind, und wie deine Zufriedenheit hoch- und runtergeht, abhängig von dem, was gerade in der äußeren Welt los ist.

WOHER KOMMT ZUFRIEDENHEIT?

Es lohnt sich, einen Augenblick darüber nachzudenken. Kommt Zufriedenheit von Dingen, wie: jemanden haben, der uns liebt, oder dem Genuss einer fantastischen Mahlzeit, einen tollen Körper, am Strand entspannen, eine Tasse guten Kaffee trinken ...?

Nein. Alle diese Dinge sind nur Ereignisse, die außerhalb von uns passieren und nicht die Zufriedenheit auslösen. Sie könnten vielleicht mit Zufriedenheit verbunden sein – sie passieren und im gleichen Moment fühlen wir uns gut –, aber es hat nichts mit Ursache und Wirkung zu tun.

Aber da ist noch ein Ereignis, was zur gleichen Zeit passiert. Es passiert in unserem Gehirn, zwischen dem äußeren Ereignis (eine Tasse guten Kaffee) und unser aktuelles Maß an Zufriedenheit.

Was ist das Ereignis? Es ist ein Prozess, ein Vorgang. Lass uns das näher betrachten:

1. Wir trinken eine Tasse guten Kaffee; lesen ein spannendes Buch; essen leckere Kirschen; liegen entspannt am Strand ...

2. Wir nehmen den Kaffee wahr, schenken ihm

Aufmerksamkeit. Trinken wir den Kaffee jedoch, während wir ein spannendes Buch lesen oder mit anderen Dingen beschäftigt sind, schenken wir dem Kaffee keine besondere Aufmerksamkeit – und bekommen deshalb vom Kaffee auch kein Gefühl von Zufriedenheit.

3. Wir nehmen das Gute am Kaffee wahr. Es ist nicht nur wahrnehmen und aufmerksam sein – wir haben es zu akzeptieren, so wie es ist, und müssen lernen, die guten Dinge daran zu schätzen.

4. Dieses Gute, was wir wahrnehmen, *bewirkt, dass wir glücklich und zufrieden mit dem Leben sind* – sogar, wenn es nur das Gute an einer Tasse Kaffee ist.

So, das ist es: *Das Gute an einer Tasse Kaffee wahrnehmen und zu schätzen wissen, bewirkt, dass wir glücklich sind zu leben.* Und je mehr wir unser Leben und uns selbst wahrnehmen und schätzen, desto glücklicher sind wir.

Aber heißt das jetzt: Zufriedenheit ist wirklich in externen Dingen zu finden? Wie die Tasse Kaffee, das Essen oder die Liebe eines anderen Menschen? Nein, das heißt es nicht. Es ist der Vorgang, der Prozess, der im Inneren passiert und das zufriedene Gefühl auslöst. Und dieser Prozess kann passieren, egal was außerhalb geschieht; er kann passieren, ohne Stimulation von außen – weil im Inneren von uns Dinge sind, die wir ebenso zu schätzen wissen können.

Lass mich das betonen: Das Rohmaterial für Glück und Zufriedenheit, ist in uns drin. All die guten Dinge, die wir schätzen können, um uns glücklich zu machen – sie sind immer mit uns, sind schon da. Auch die Werkzeuge sind bereits in uns vorhanden, um das Rohmaterial zu Zufriedenheit zu verarbeiten – wir brauchen sie nur entwickeln.

Aufgabe: Erinnere dich immer an diese Wahrheit: Wahrnehmen und die guten Eigenschaften an etwas zu schätzen wissen, bewirkt, dass wir glücklich und zufrieden mit dem Leben sind. Und je mehr wir unser Leben und uns selbst wahrnehmen und schätzen, desto glücklicher sind wir.

FINDE ZUFRIEDENHEIT IM INNEREN

Du weißt jetzt: Externe Quellen sind nicht zuverlässig und bringen kein dauerhaftes Glück und Zufriedenheit. Du solltest stattdessen intern suchen. Aber was bedeutet das?

Es bedeutet, Freude zu finden an: Wie wunderbar du als Mensch bist, in deinem ständigem Wachstum und Lern-Prozess; in der Wertschätzung des Lebens und dem ständig wechselnden Zustand; in der Wertschätzung der Einsamkeit und der Verbindung von beiden. Dies sind alles fantastische Dinge – und sie sind alle in deinem Inneren, die ganze Zeit.

Nun fragst du dich bestimmt: Was sind denn das für Dinge im Inneren, die du wertschätzen kannst und dich glücklich machen können? Okay – ein paar Beispiele:

- Bist du ehrlich?
- Bist du großzügig?
- Liebst du? Kannst du Liebe geben?
- Fühlst du Mitleid?

- Bist du in irgendwas gut?
- Bist du ein guter Zuhörer?
- Hast du Mitgefühl für die Schmerzen anderer?
- Wertschätzt du die Schönheit in der Natur und in anderen Menschen?
- Hast du gute Ideen?
- Bist du entschlossen?
- Bist du gut im Sport?
- Bist du kreativ?

Und so weiter. Diese und mehr sind alles interne Qualitäten, die du hast und wertschätzen kannst; die dich glücklich und zufrieden mit dir selbst machen können.

Der Prozess, glücklich und zufrieden zu sein – wahrnehmen, wertschätzen, glücklich sein zu leben –, kann auch auf die Dinge in unserem Inneren bezogen werden – egal, was außerhalb geschieht. Wir können lernen, die guten Dinge an uns wahrzunehmen und zu würdigen – und die weniger guten Dinge auch – und anfangen, uns selbst zu lieben.

Alles um uns herum zu schätzen wissen

Das ist aber erst der Anfang – immerhin. Was in unserem Innern ist, ist erstaunlich. Und auch, was in jedem anderen und im Leben um uns herum ist, ist erstaunlich. Das sind vielleicht externe, äußere Dinge, aber die Wertschätzung für sie – und die Zufriedenheit, die daraus entsteht – kommt von innen.

So ist die wichtigste Fähigkeit, der Schlüssel zur Zufriedenheit, zu lernen: wahrnehmen, akzeptieren und wertschätzen – alles um uns herum und jeden, den wir sehen und mit dem wir zusammen sind.

Achte genau auf dein Essen oder den Kaffee, Wasser, Tee oder Wein, den du trinkst. Was fällt dir auf? Ist da was Gutes wahrzunehmen, was du wertschätzen kannst, was dich glücklich und zufrieden macht, am leben zu sein?

Was ist mit dem Raum um dich herum? Was ist mit den Büchern oder die Blog-Artikel, die du liest? Was ist mit der Natur? Sind da Dinge, die du wahrnehmen, akzeptieren und wertschätzen kannst?

Bei dem Versuch, das Gute in allen Dingen und jedem Menschen (oder sogar uns selbst) zu sehen, versagen wir oft kläglich. Dabei scheitert es nur an näherer Aufmerksamkeit. Wenn die Menschen in deiner Nähe grob oder uninteressant erscheinen, bist du nicht mehr aufmerksam für die näheren Details: Sind sie auch lustig, talentiert oder schüchtern, aber mit versteckten

Geheimnissen? Haben sie Kummer und brauchen Mitgefühl? Schau näher hin und guck, was du findest.

Sobald du anfängst, aufmerksamer zu sein und genauer zu gucken, nimmst du erstaunliche Dinge wahr. Alles um dich herum sind Beispiele von Schönheit, Kreativität, Inspiration, Erfolg, Schmerz, Freude und Leben.

Und sobald du besser darin wirst, kannst du anfangen, auch die „nicht-so-perfekten“ Dinge zu akzeptieren und wertschätzen. Wir urteilen über die Fehler andere Leute und über unsere eigenen Mängel als „schlecht“ ... aber was ist, wenn sie nur ein Teil des „menschlich sein“ sind? Sind dann Ärger, Grobheit und Fehler, nicht auch nur ein Teil der Schönheit der menschlichen Wesen?

Und das gilt auch für uns selbst. Wir alle haben Fehler und Schwächen, aber wenn wir diese nicht hätten, wären wir nicht so wundervoll. Wir sollten unsere Mängel feiern. Erkenne sie, ja, aber schätze sie, und benutze sie als einen Grund, glücklich zu sein zu leben.

Sobald du das kannst, siehst du das Wunderbare in jedem kleinen Ding um dich herum und in deinem Inneren. Und dann erkennst du: Leben ist eine wahre Freude – in jedem Moment, wenn du einfach nur aufmerksam bist, die Dinge zu würdigen weißt und dankbar darüber bist.

Aufgabe: Denk darüber nach, was dich die letzten Tage belästigt, enttäuscht, verärgert oder frustriert hat. Wie kannst du das Wunderbare in diesen Dingen finden?

UNSERE REAKTIONEN AUF AKTIONEN ANDERER

Der Frust anderer Menschen verdirbt uns oft den Tag. Wir reagieren wütend, wenn ein anderer Autofahrer uns grob schneidet, oder wir sind frustriert wegen der Kinder, Ehepartner oder Arbeitskollegen. Und wenn es ganz schlimm kommt, beleidigen uns sogar Fremde und behandeln uns unfreundlich.

Aber all der Frust, Wut, Ärger und beleidigt sein, hilft uns nicht. Durch sie tun wir Dinge, die unsere Beziehungen zu anderen Menschen zerstören. Dinge, die nicht mitfühlend, nicht ruhig oder nicht verständnisvoll sind. Und das macht andere Menschen wütend – sie vertrauen uns nicht mehr; mögen uns nicht mehr. Und was genau so schlimm ist: Diese negativen Dinge führen dazu, dass wir uns schlecht fühlen.

Was können wir bei diesen schädlichen Gefühlen tun? Leider können wir keinen Knopf drücken und sie ausschalten. Und versuchen, die Gefühle zu unterdrücken, klappt auch nicht.

Beginne mit Bewusstsein – um deine Reaktionen zu ändern, musst du darüber bewusst sein, wenn diese

Reaktionen passieren. Du kannst sie nicht ändern, wenn du automatisch reagierst.

Es geht darum, zu erkennen: Der Schlüssel ist, nicht zu reagieren. Gefühle wie Frust und Wut sind okay. Schädlich ist nur die Reaktion darauf. Wenn du im Zorn reagierst, bedeutet das meist: Du tust etwas, was nicht nett, nicht hilfreich ist und oft verletzend für andere Menschen.

Schaff dir selbst etwas Freiraum. Geh weg. Beruhige dich. Atme. Der Freiraum ist, wo du beobachten kannst, wie deine Gefühle aufsteigen, die Spitze erreichen, abklingen, verblassen und ganz verschwinden. Und dann kannst du in Ruhe darüber nachdenken und in angemessener Weise reagieren. Das ist, was wir wirklich wollen: eine angemessene Reaktion.

Was ist eine angemessene Reaktion? Lässt du den Ärger oder das beleidigte Gefühl los, kannst du in einer Weise reagieren, die in diesem Moment Sinn hat. Zum Beispiel:

- Wenn dich ein Autofahrer schneidet: Fahre langsamer und gebe ihm etwas Platz. Ober fahre um ihn herum, wenn es gefahrlos ist. Tue nichts Aggressives, und lass dich keinesfalls dadurch verärgern.

- Wenn deine Kinder sich schlecht benehmen: Statt zu schimpfen, kannst du versuchen, sie zu verstehen. Und rede mit ihnen in mitfühlender Art und zeige gutes Benehmen.

- Wenn ein Mitarbeiter dich aufregt, kannst du ruhig mit ihm reden, in einer kooperativen Art, statt in einer Du-gegen-mich-Art.

Wir sind alle am lernen

Dieser Spruch hilft mir, die Dinge in eine bessere Sicht zu bringen: „Wir sind alle am lernen." Du kannst es zu dir selbst sagen, wenn jemand etwas tut, was dir nicht gefällt.

Was bedeutet das? Ist jemand grob, besagt das nur, dass diese Person eine Menge über Rücksichtslosigkeit zu lernen hat oder seinen Ärger zu kontrollieren. Baut dein Mitarbeiter Mist, hat er ein paar Dinge über den Job zu lernen. Wenn ein Kind eine Dummheit begeht, hat es ebenfalls eine Menge über das Leben zu lernen.

Und das ist okay. Wir alle haben Dinge zu lernen. Unser Leben lang sind wir im Lernprozess. Wir sind auf verschiedenen Stufen mit verschiedenen Fähigkeiten, aber keiner von uns hat bereits alles gelernt. Und wenn wir das erkennen, können wir geduldig mit dem lernenden Menschen sein, von dem nicht erwartet werden kann, allwissend und perfekt zu sein – richtig?

Das können wir auch für uns anwenden, wenn wir etwas vermasseln oder unangemessen reagieren. Wir können uns selbst vergeben und sagen: „Wir sind alle am lernen." Denn wir sind ebenso unvollkommen und mangelhaft, wie jeder andere Mensch auch.

Wenn also jemand etwa tut, was unüberlegt, unverschämt oder unangemessen ist – sag zu dir selbst: „Wir sind alle am lernen.“ Und dann lächle.

Die andere Person ist nicht das Problem

Dies ist schon eine fortgeschrittene Fähigkeit; darum mach dir keine Sorgen, wenn du das nicht sofort verstehen und verinnerlichen kannst.

Denk bitte mal darüber nach: *Die andere Person ist nicht das Problem.*

Was ist damit gemeint? Falls jemand unfreundlich zu dir ist, und du dich über denjenigen ärgerst, ist das Problem nicht die unfreundliche Person ... es ist deine Reaktion darauf. Oder genauer gesagt: Es ist nicht mal deine Reaktion, aber es ist deine Aktion, deine Tat, die aus der Reaktion entsteht.

Diese Sichtweise zeigt deutlich: Die Aktionen, die Taten anderer Menschen, sind nur ein äußerlicher Reiz, gerade so, als wenn ein Blatt von einem Baum fällt oder ein Felsblock fällt vor uns auf den Bergpfad. Wenn ein Fels vor uns herunterfällt, werden wir nicht wütend auf den Felsen – wir gehen um ihn herum. Fällt uns ein Blatt auf den Kopf, denken wir nicht, dass es böse Absicht vom Blatt war. Wir beobachten es nur und sehen es als ein natürliches Phänomen.

Und jetzt denke bitte über diese Geschichte aus der Zen-Tradition nach:

Ein Mann rudert ein Boot und sieht einen anderen Mann, der ebenfalls ein Boot rudert und auf ihn zusteuert. Es passiert: Das andere Boot stößt an sein Boot. Darauf fängt der Mann an, den anderen wütend zu beschimpfen, weil er sein Boot gerammt hat.

Nun denke über diese alternative Version nach:

Der gleiche Mann rudert ein Boot und sieht ein leeres Boot auf sich zukommen. Es passiert: Das Boot stößt an sein Boot, aber der Mann steuert sein Boot einfach um das andere Boot herum und rudert friedlich weiter, als sei nichts passiert.

In der ersten Version wird er wütend, in der zweiten reagiert er angemessen.

Was lernen wir daraus? Das Boot ist immer leer. Selbst wenn es eine andere Person gibt, die den Anreiz auslöst, versucht diese Person nicht, uns etwas anzutun. Die anderen machen ihr eigenes Ding, motiviert durch sonst was, was sie gerade durchmachen. Und deshalb sollten wir es nicht zu persönlich nehmen.

Nehmen wir die Dinge persönlich, werden wir wütend. Sehen wir die äußeren Ereignisse jedoch als ein leeres Ruderboot, reagieren wir angemessen.

Und genau darum ist die andere Person nie das Problem. Wir sind es, die die Dinge persönlich nehmen.

Um dies zu lernen und zu verinnerlichen – statt es nur als eine Idee zu sehen – braucht es Zeit. Aber es macht einen großen Unterschied.

Aufgabe: Schreibe dir drei Phrasen auf, die du immer dann zu dir sagst, wenn du unangemessen auf die Aktionen der anderen reagierst:

„Gib deiner Reaktion etwas Raum, etwas Zeit. Wir sind alle am lernen. Die anderen sind nie das Problem."

Hab die Phrasen immer in deiner Nähe. Wenn du das nächste Mal bemerkst, dass du auf eine Aktion anderer unangemessen reagieren wirst oder schon reagiert hast, dann sage diese Phrasen leise zu dir selbst.

BINDE DEIN SELBSTWERTGEFÜHL NICHT AN AKTIONEN DER ANDEREN

Zu lernen, besser auf die Aktionen der anderen zu reagieren, ist eine Sache. Aber es gibt ein noch schwierigeres Problem: Den Aktionen der anderen zu erlauben, Einfluss darauf zu nehmen, wie wir uns selbst bewerten.

Ein gutes Beispiel: Dein Partner verlässt dich, und *du* fragst dich, was mit *dir* nicht stimmt. Warum liebt er/sie dich nicht? Du hast dein Herz geöffnet, dein Innerstes geteilt und all deine Liebe gegeben ... und er/sie hat dich abgewiesen – das muss bedeuten, dass er/sie dich wertlos findet. Richtig?

Nein. Eigentlich nicht: Die Aktion deines Partners, hat nicht wirklich was mit dir zu tun.

Lass mich das noch mal wiederholen, denn es ist enorm wichtig: Die Aktionen anderer Menschen, haben sehr wenig mit dir zu tun.

Verlässt dein Partner dich, oder macht dein Chef dich zur Sau, oder ist dein Partner heute etwas abweisend zu dir: dann hat das nichts mit dir und dem Wert deiner Person zu tun – aber es hat alles damit zu tun, was heute mit den anderen los ist. Vielleicht hatten sie einen schlechten Tag, eine schlechte Woche; gefangen in miesen Gedanken, die in ihrem Kopf pausenlos rotieren; haben Angst vor Verpflichtungen oder lehnen sich selbst ab; haben Angst, in der Beziehung zu versagen ...

Es gibt tausend mögliche Gründe, warum jemand etwas tut. Und das sind keine Urteile über dich. Sie sind vielmehr ein Aussage darüber, was mit der anderen Person gerade los ist.

Lass uns ein paar Beispiele ansehen:

Dein Partner ist nicht so aufmerksam, wie du es gerne hättest. Bedeutet das, dass er sich nicht um dich kümmert oder nicht will, dass du glücklich bist? Nein. Vielleicht ist er nur müde, oder gefangen in Dingen, die heute passiert sind. Vielleicht nervt ihn etwas, was du getan hast – aber das ist mehr eine Frage, wie er auf deine Aktion reagiert, als dass es mit dir als Person zu tun hat. Vielleicht kannst du ihm bei diesem Problem helfen oder den Schmerz lindern.

Ein Arbeitskollege ist von dir genervt und unhöflich. Bedeutet das, du bist kein guter Mensch? Nein. Es bedeutet, diese Person verliert schnell die Fassung und ist schlecht im Umgang mit anderen Menschen – oder wieder: Er könnte einen schlechten Tag haben. Statt es persönlich zu nehmen, guck, wie du der Person Freiraum zum Abkühlen geben kannst, oder wie du ihm helfen kannst, mit seinem Problem besser fertig zu werden.

Jemand ist von deiner Idee nicht so

begeistert, wie du gehofft hast. Wurde deine Idee oder Vorschlag abgelehnt, weil du nicht gut bist? Nein. Das heißt es nicht. Vielleicht ist deine Idee nicht großartig, aber das heißt nicht, dass du nicht gut genug bist oder keine guten Ideen hast – vielleicht ist es jetzt gerade nur nicht die richtige Idee. Vielleicht ist deine Idee sogar gut, aber die andere Person erkennt es nicht oder ihr Interesse passt augenblicklich nicht zu der Idee. Oder die Person hat wichtigere Dinge zu tun und kann sich nicht mit dieser Idee befassen. Danke der Person und gehe zu jemand anderen, der vielleicht interessiert sein könnte.

Du siehst in den Beispielen, wie oft wir persönlich nehmen, was andere Menschen tun – sogar wenn sie nur wenig mit uns zu tun haben. Dazu deuten wir ihre Aktionen oft als ein Urteil über uns. Und wir fühlen uns schlecht in unserer Haut und mangelhaft, auch wenn es absolut gar nichts mit uns zu tun hat.

Und wie gehen wir am besten mit den Aktionen anderer Menschen um? Lass uns mal gucken:

Wie du mit den Aktionen der anderen umgehst

Stell dir vor: jemand lehnt dich ab, ist böse mit dir, nicht an dir interessiert, ist unfreundlich zu dir ... Was tust du?

Da gibt es viele Möglichkeiten. Hier sind meine

gewöhnlichen Vorschläge:

1. **Nimm es nicht persönlich**. Die Aktionen der anderen, haben nicht das Geringste mit dir zu tun. Falls du dich persönlich angegriffen fühlst oder es als eine Bewertung über deinen Wert als Mensch siehst: Sei dir dessen bewusst und lass es gehen. Lass es einfach los. Sag dir selbst: Das hat nichts mit dir zu tun, sondern hat alles nur mit den anderen zu tun.

2. **Bekräftige deinen Wert**. Wenn du, aufgrund der Aktionen anderer, an deinem Wert zweifelst, erkenne: Dein Wert wird nicht bestimmt durch Taten oder Bewertungen anderer Menschen. Du allein bestimmst deinen Wert. Glaube fest an deinen großartigen Wert. Schätze die guten Dinge an dir. Auch wenn kein anderer Mensch dich mag oder anerkennt, sei du die eine Person, welche die guten Dinge sieht und dankbar für sie ist. Das ist alles, was du brauchst.

3. **Sei mitfühlend**. Wenn die andere Person wütend ist, unhöflich, verwirrt, müde oder ängstlich: dann leidet sie. Und weil sie leidet, greift sie dich an oder zieht sich von dir zurück. Überlege, wie du helfen und den Schmerz erleichtern kannst. Du bist längst mit dir selbst ins Reine gekommen; du hast erkannt, dass du es wert bist. Jetzt geh und hilf der anderen Person. Will sie deine Hilfe nicht, ist es okay. Dein Wert wird nicht dadurch bestimmt, ob jemand deine Hilfe annimmt. Allein die Tatsache, dass du zu helfen versuchst, sagt etwas über deinen Wert aus. Ob andere deine Hilfe wollen oder dankbar dafür sind, kannst du nicht kontrollieren, aber du kannst zumindest den Versuch

machen zu helfen.

Diese drei Schritte helfen dir nicht nur bei deinem Selbstwert, sie helfen auch deiner Beziehung zu der anderen Person.

Oft reagieren wir auf andere, als wenn sie uns persönlich verletzt hätten. Die andere Person versteht nicht, warum wir so reagieren, und nimmt jetzt, in umgekehrter Weise, unsere Reaktion, unsere Aktion persönlich und reagiert wütend oder verletzt.

Nehmen wir jedoch die Aktion anderer nicht persönlich und versuchen stattdessen zu helfen, reagieren andere eher dankbar als wütend oder verletzt.

Wir sind bessere Freunde, Arbeitskollegen, Partner oder Eltern, wenn wir die Dinge weniger persönlich nehmen und sind mitfühlender.

Aufgabe: Wie alle Fähigkeiten des Lebens, muss auch diese Fähigkeit geübt werden. Nimm dir kurz Zeit, um im Kopf zu wiederholen, wie du kürzlich von jemandem verletzt wurdest, der dir nahe steht. Und denke darüber nach, wie du es vielleicht in deinem Selbstbild verinnerlicht hast. Jetzt wiederhole den Vorfall im Kopf in einer neuen Weise, indem du dir vorstellst, wie du die drei Schritte von oben genutzt hast. Übe die Fähigkeit zuerst im Kopf, indem du die

Vorfälle geistig wiederholst. Und dann versuche es praktisch anzuwenden, wenn du fühlst, der Vorgang passiert in der Zukunft.

WERDE „EIGENSTÄNDIG“ IN EINER BEZIEHUNG

Was bedeutet das? Okay, lass uns ein Beispiel nehmen: Eine Frau verbringt die meiste Zeit damit, wissen zu wollen, ob ihr Freund sie liebt, was er gerade macht und warum er ihr keine Aufmerksamkeit schenkt. Dauernd sucht sie nach Hinweisen seiner Liebe; ständig ist sie besorgt, dass er mit anderen Frauen flirtet.

(Beachte: Dies trifft sowohl für Frauen und Männer zu. Ich habe nur eine Frau in diesem Beispiel gewählt.)

Die Frau ist unglücklich in dieser Beziehung; sie ist abhängig von ihm. Sie braucht ihn, um glücklich zu sein – und sie ist unglücklich, wenn er ihr nicht pausenlos zeigt, wie sehr er sie liebt. Sie ist unsicher, eifersüchtig und bedürftig. Das macht weder den Menschen noch die Beziehung glücklich.

Was passiert, wenn du zu viel Aufmerksamkeit in deiner Beziehung brauchst? Du bist kein guter Freund, Freundin, Ehepartner. Dein Partner fühlt sich unter Druck, dich ständig glücklich machen zu müssen; immer zu funktionieren und stets für dich und deine Bedürfnisse da zu sein; nie die Freiheit zu haben, eigene Dinge zu tun, während du tust, was du willst.

Und wofür muss dein Partner sich so unter Druck setzen? Nur, damit du dich nicht fragen brauchst, was in deiner Beziehung falsch ist. Das kann nicht funktionieren. So eine Beziehung ist hart und stressig. Dauert es länger als ein paar Jahre, entstehen gewöhnlich Langzeitprobleme.

Menschen, die eine gesunde und lange Beziehung führen, haben einen Weg gefunden, eigenständig zu sein, unabhängig, geborgen.

Lass uns gucken, wie man eigenständig in einer Beziehung wird und der Vorgang, ein glücklicherer und besserer Partner zu sein.

Was eine eigenständige Person ausmacht

Bevor wir über Beziehungen sprechen können, müssen wir uns auf eine Person konzentrieren, weil: bei zwei Menschen, wird die Gleichung etwas komplizierter. Deshalb lass uns den einfachen Teil der Gleichung zuerst nehmen – nur dich.

Wenn du eigenständig bist, brauchst du die Wertschätzung anderer Menschen nicht, um glücklich zu sein – weil du dich selbst akzeptierst. Du brauchst keine anderen, die dich lieben, damit du dich geliebt fühlst – weil du dich selbst liebst. Das heißt nicht: Du liebst es nicht, von anderen geliebt zu werden oder keine anderen Menschen in deinem Leben möchtest. Nein. Aber du bildest schon die Grundlage dessen, was du brauchst, um dich selbst zu akzeptieren und zu lieben.

Wenn du eigenständig bist, bist du nicht mehr verunsichert. Du hast keine Angst mehr, dass die andere Person dich verlässt. Sicher wäre es ein großer Verlust für dich, von dem, den du liebst, abgewiesen zu werden – aber du würdest damit klarkommen und Eins mit dir selbst sein. Du würdest nicht *allein* sein, weil du die beste Gesellschaft der Welt hast – dich selbst. Du weißt: Du wirst überleben, glücklich sein, großartige Dinge tun, sogar ohne die andere Person. Das soll nicht heißen: du willst nicht, dass dein Partner bleibt – aber du hast auch nicht ständig Angst davor, dass dein Partner dich verlassen könnte.

Wenn du eigenständig bist, brauchst du den anderen Menschen nicht pausenlos um dich herum, weil du glücklich mit dir selbst bist. Es ist okay für dich, wenn dein Partner eigene Dinge tut. Du fühlst dich in deiner Beziehung sicher, und es geht dir gut dabei, auch deine eigenen Dinge zu tun. Du brauchst keine ständige Bestätigung, dass dein Partner dich liebt – weil du dir sicher bist.

Zwei eigenständige Menschen kommen zusammen

Eine solide Beziehung besteht aus zwei Menschen, die für sich selbst eigenständig sind oder es zumindest fast sind. Sie kommen zusammen, weil sie die Gesellschaft des anderen lieben. Sie kommen nicht zusammen, weil sie jemanden brauchen, der ihnen Aufmerksamkeit und

Zuneigung schenkt, weil sie das brauchen, um glücklich und zufrieden zu sein; das Gefühl brauchen, geliebt zu werden.

Ist in einer Beziehung ein Partner eigenständig und mit sich selbst glücklich, aber der andere Partner bedürftig, abhängig und unsicher ... wird der eigenständige Partner das Beste tun, um dem anderen zu helfen – jedoch langfristig der Beziehung überdrüssig werden und eine Abneigung entwickeln, weil der andere Partner zu bedürftig und unsicher ist.

Sind beide Partner bedürftig und unsicher, entfachen ständig Kämpfe: Warum bist du nicht bei mir? Warum bist du heute so abweisend? Warum sprichst du mit der Frau? Was machst du, wenn du mit deinen Freunden ausgehst? – Daraus folgt Eifersucht und Misstrauen.

Sind jedoch beide Personen zufrieden mit sich selbst und eigenständig, können sie getrennt sein und fühlen sich trotzdem sicher genug, um nicht besorgt darüber zu sein, dass der andere nicht da ist oder noch liebt – sie sind auch alleine glücklich. Sie können zusammen glücklich sein und sich über die Anwesenheit des anderen freuen. Sie brauchen sich nicht gegenseitig, aber sie lieben sich und sorgen sich um das Wohlbefinden des anderen – und nicht so sehr um die eigene Zufriedenheit, denn sie wissen: sie sind sicher und immer glücklich.

Sie achten den anderen und sich selbst; sie sind gegenseitig mitfühlend und mit sich selbst.

Das ist eine Beziehung mit zwei eigenständigen Menschen.

Werde eigenständig

Was ist, wenn du nicht diese eigenständige Person bist – es aber sein möchtest? Erkenne: Du hast schon alles was du brauchst, um eigenständig zu sein. Du brauchst nur die Unsicherheiten loslassen und erkennen, wie wundervoll du bist. Du musst dich nicht verbessern; du musst nur erkennen: Du bist bereits großartig.

Wie lässt du die Unsicherheiten los? Das ist ein langsamer und schwerer Heilungsprozess. Es fängt damit an, zu erkennen, wann sie erscheinen, und sie dann gehen lässt. Erkenne: Du sorgst dich darüber, was die von dir geliebten Menschen gerade tun. Erkenne: Du fürchtest, dass sie dich nicht so lieben, wie sie es sollten – und das bedeutet: Du sorgst dich, dass du nicht gut genug bist ... und dann lass diese Sorge los. Du brauchst sie nicht. Du bist gut genug.

Wenn du gut genug bist, bemerkt die andere Person es entweder und liebt dich oder bemerkt es nicht und liebt dich nicht – und verdient dich deshalb auch nicht. Trotzdem wird es dir gut gehen, weil es dir auch allein mit dir selbst gut geht. Wenn du gut genug bist, wirst du auch ohne den anderen gut genug sein. Das heißt nicht, du willst, dass die Person geht oder du nicht besorgt um die Person bist, aber du weißt, dass du glücklich sein kannst, auch wenn sie dich verlässt.

Du weißt, dir geht es gut – egal was passiert: Ob die Person auf einer Reise ist, mit Freunden aus, spät arbeitet, sogar wenn sie böse mit dir ist. Dir geht es gut, so wie du bist. Mit dir allein. Und du brauchst sonst nichts anderes.

Falls Sorgen auftauchen, ob du gut genug bist: Erkenne sie und lass sie gehen. Plagen dich Zweifel, ob der andere Mensch dich liebt, oder hinter deinem Rücken mit anderen flirtet oder vielleicht sogar betrügt: Erkenne sie und lass sie gehen. Und falls die andere Person dich doch betrügt und du sie verlässt, fühlst du dich trotzdem gut mit dir allein.

Erkenne die Ängste und Sorgen, und lass sie gehen. Entspanne dich tief hinein, in diesen neuen Zustand, mit sich selbst Eins zu sein; zufrieden zu sein. Und zu wissen: Die Dinge werden immer okay sein.

Sobald du gelernt hast, eine eigenständige Person zu sein, Eins zu sein, kannst du mit jemandem zusammenkommen – und zwar mit Selbstvertrauen, Liebe, Mitgefühl und Sicherheit.

Aufgabe: Nimm dir etwas Zeit, um über deine jetzige oder frühere Beziehungen nachzudenken. Gab es Zeiten der Abhängigkeit, Unsicherheit, Eifersucht, ein Mangel an Vertrauen, Bedürftigkeit? Oder Unabhängigkeit und Sicherheit? Falls Unsicherheit und Bedürftigkeit das Problem sind: Welche Ängste halten dich zurück? Kannst du sie gehen lassen?

GLÜCKLICH MIT SICH SELBST SEIN & ANDERE MENSCHEN TREFFEN

Eigenständig sein und mit sich selbst glücklich, hilft in einer romantischen Beziehung mit einem anderen Menschen. Aber was ist, wenn du fremde Leute triffst, oder den Eindruck, den du bei der Arbeit oder bei Kunden hinterlässt?

Das funktioniert auf die gleiche Weise.

Glücklich mit dir selbst sein, bedeutet: Wenn du andere Menschen triffst, du brauchst sie nicht. Du hoffst nicht verzweifelt, dass sie dich mögen. Du bist glücklich, mit ihnen oder ohne sie. Allerdings kann ein Mensch, der mit sich selbst glücklich ist, auch andere Menschen treffen und Spaß haben, sich nett unterhalten und Freundschaften knüpfen.

Die Anerkennung anderer Menschen nicht zu brauchen, heißt nicht: du willst keinen Kontakt zu anderen – macht es jedoch wahrscheinlicher, dass du einen guten Eindruck auf andere machst, wenn du sie triffst. Menschen wenden sich ab, wenn sie merken, dass du zu bedürftig bist. Dafür respektieren sie jemanden, der selbstbewusst ist; was aber nicht bedeutet, dass du eingebildet sein musst – nur glücklich darüber wer du bist.

Von uns selbst denken wir gewöhnlich nicht, dass wir ein liebenswerter Mensch sind. Wir sind immer besorgt, wie wir auf andere wirken und welche Eindrücke wir hinterlassen. Aber die anderen spüren diese Ängste und lässt sie denken: du magst dich selbst nicht, hast vielleicht etwas zu verbergen, bist nicht vertrauenswürdig, nicht offen und nicht ehrlich.

Denkst du jedoch von dir, dass du liebenswert bist und was zu bieten hast: Dann kannst du offen sein, unverfälscht und lächeln. Du hast keine Angst, dich so zu zeigen, wie du bist. Du weißt bereits: du bist gut und liebenswert – und wenn das bei den anderen ankommt, neigen sie dazu, dich auch zu mögen.

Bist du also eigenständig und zufrieden mit dir selbst, dann ist es einfacher, neue Freunde zu treffen, einen neuen Job zu finden, einen guten Eindruck bei der Arbeit und den Kunden zu machen. Kurz: Es macht jede Beziehung zu anderen Menschen besser.

Wie du deine Zufriedenheit offenlegst

Was ist, wenn du noch kein Vertrauen in dich und deine Fähigkeiten hast? Wie kannst du selbstbewusst losgehen, neue Leute treffen und wissen, du kannst was zur Unterhaltung und Beziehung beitragen?

Hier ist der Schlüssel: Fang mit der Erkenntnis an, dass du keine Zustimmung von anderen Menschen brauchst, und dir es ohne sogar sehr gut geht – und das ist die Wahrheit. Dein Leben ist nicht ruiniert, wenn andere dich nicht mögen. Du kannst glücklich bei einem Spaziergang sein, ein Buch lesen, einen Roman schreiben, Sport treiben, im Gras liegen, den Sonnenuntergang betrachten ... Du kannst glücklich sein, nur mit dir selbst.

Mit dieser Erkenntnis kannst du deine Sorgen darüber loslassen, wie andere Menschen über dich denken. Bist du trotzdem ab und zu noch unsicher, erkenne: Das kommt von der Suche nach Anerkennung durch andere Menschen. Erkenne auch: Du brauchst diese Anerkennung nicht; du bist gut, auch ohne sie. Der Wunsch, anerkannt zu werden, verursacht deinen Schmerz – und du brauchst diesen Schmerz nicht.

Der Vorgang kann sich wiederholen, aber du wirst besser darin, ihn loszulassen. Denk an die Dinge, die du an dir magst. Denk an die Talente, die du hast. Denk an die Dinge, die du geben kannst. Schätze diese guten Dinge an dir. Wisse, du bist jedermanns Aufmerksamkeit und Vertrauen würdig.

Das Vertrauen in dich kommt mit der Übung. Je öfter du jemanden triffst und die andere Person dich mag, weil du nicht krampfhaft um ihre Anerkennung und Aufmerksamkeit ringst, fängst du an, dem Vorgang zu vertrauen.

Sollst du jetzt über dich selbst prahlen, wenn du andere Menschen triffst? Nein. Ganz und gar nicht. Jemand, der Anerkennung braucht, wird dir seine

Aufmerksamkeit geben und seine gute Seite zeigen. Jemand, der keine Anerkennung braucht, wird glücklich sein, einer anderen Person zuzuhören; wird versuchen, den anderen kennenzulernen; wird bereit sein, alle Seiten mit dir zu teilen und zu zeigen, wer sie wirklich sind, und nicht nur die gute Seite.

Offenheit und bereit sein, Verletzlichkeiten zu teilen, ist ein starker Weg, um Vertrauen aufzubauen. Bist du nicht mehr besorgt, verurteilt zu werden, kannst du dich öffnen und Dinge teilen, die nicht so schmeichelhaft sind – dann vertraut auch der andere Mensch dir mehr und fühlt ebenfalls, sich dir gegenüber zu öffnen. Daraus entsteht eine viel vertraulichere Verbindung.

Aufgabe: Schreib die Dinge auf, die du an dir magst, deine Talente, deine Stärken. Nimm dir für jeden Punkt etwas Zeit und wertschätze diese Dinge an dir. Nutze die Liste als Erinnerungsstütze. So erkennst du langsam deinen Wert und bist glücklich darüber wer du bist.

NEID AUF ANDERE MENSCHEN

Bist du neidisch, wenn Freunde von aufregenden Abenteuern in exotischen Ländern erzählen oder Urlaubsbilder in den sozialen Netzwerken zeigen? Wünschtest du, es wäre dein aufregendes Leben voller Abenteuer und Spaß?

Neid auf andere ist ein weit verbreitetes Problem. Soziale Medien scheinen die Tendenz in uns sogar zu verstärken. Es zeigt sich auf viele Arten: Neidisch auf jemandes hübschen Bauch oder muskulösen Arme; das Gefühl, du vermisst den Spaß, den all die anderen Menschen haben; Sorgen, dass andere beruflich geilere Dinge machen als du; den Wunsch, du hättest das Leben oder Sex-Leben einer anderen Person, die du kennst ... und so weiter.

Zufriedenheit ist offenbar das Gegenmittel.

Bist du zufrieden wie du bist: brauchst du nicht das Leben oder den hübschen Körper eines anderen Menschen. Bist du zufrieden mit dem was du tust: brauchst du dich nicht über den Spaß sorgen, den all die anderen haben, oder die hübschen Fotos vom Mittagessen, die Reisebilder, die die Höhepunkte ihres Lebens zeigen – verglichen mit den alltäglichen

Momenten deines Lebens.

Aufgabe: Hör auf, dich und dein Leben mit anderen zu vergleichen. Hör auf zu vergleichen, wer du bist oder wie du aussiehst, im Vergleich zu anderen. Das ist leichter gesagt als getan; dazu braucht es Bewusstsein. Und wenn du das Vergleichen bemerkst: unterbreche. Statt draußen auf die anderen Leute zu gucken, guck was du machst und würdige es. Entdeckst du etwas Gutes bei jemand anderen, was dich neidisch macht: Hör auf und sieh dich selbst an. Was kannst du an dir Gutes finden und würdigen?

TECHNIKEN ZUR SELBST-ANNAHME, SELBST-AKZEPTANZ

Zufriedenheit wird zu einem großen Teil bestimmt durch das Maß an Selbst-Annahme, Selbst-Akzeptanz. Aber wie kannst du lernen, dich selbst zu akzeptieren?

Die folgenden Techniken helfen dir, dich selbst zu akzeptieren – das Gute und das Schlechte. Die Techniken sind verschiedene Arten des gleichen Themas. Probiere jeweils eine Technik über mehrere Tage; danach probiere eine andere Technik. Mit der Zeit entwickelst du eine starke Fähigkeit von Selbst-Akzeptanz.

Die Techniken

1) Übe entspanntes Bewusstsein. Was ist das? Entspanntes Bewusstsein ist ein sanftes Bewusstsein über unsere Gefühle, Gedanken, Schmerzen, Selbstbewertung und Beurteilung. Es ist ein Bewusstsein über unsere Existenz und den Strom der Erscheinungen, welche in diesem Moment auftreten – inklusive Gedanken, Gefühle und äußere Reize.

Zum Üben schließe deine Augen. Statt deine

Gedanken zu verjagen oder bewusst auf deinen Atem zu achten, nimm deine Gedanken, Gefühle und Körper wahr. Vielleicht kommen negative Gedanken oder Gefühle – das ist okay. Nimm sie nur wahr. Beobachte sie. Versuche nicht, sie in positive Gedanken zu verwandeln oder sie zu verscheuchen. Diese Übung kannst du jeden Tag für 5 Minuten machen – und falls sie dir gefällt, auch bis zu 30 Minuten.

2) Heiße willkommen, was du beobachtest. Während du das entspannte Bewusstsein übst, bemerkst du Dinge, wie: negative Gedanken, Ängste, glückliche Gedanken, Selbst-Verurteilungen ...

Wir neigen dazu, negative Gedanken und Gefühle stoppen zu wollen. Aber das ist nur eine Unterdrückung, eine Vermeidung, eine Verneinung des Negativen. Stattdessen, heiße diese negativen Erscheinungen willkommen; sie sind ein Teil deines Lebens – und sie sind okay. Wenn du dich schlecht fühlst, weil du zu viel isst oder lange keinen Sport gemacht hast: ist es okay. Heiße das Gefühl willkommen, lass es eine Weile in deinem Kopf herumschwirren. Die negativen Gefühle und Gedanken sind nicht schlecht – sie geben uns die Chance, etwas über uns zu lernen. Laufen wir vor diesen „schlechten Gefühlen" weg, erzeugen wir nur mehr Schmerz. Sieh stattdessen das Gute in ihnen und nutze die Gelegenheit zum Üben.

3) Hör auf, dich selbst zu bewerten. Wenn du langsam anfängst, aufmerksam zu werden, wirst du feststellen, wie oft du über dich selbst urteilst und dich bewertest. Ständig vergleichen wir uns mit anderen, oder bewerten uns selbst als gut oder schlecht, als zu fett, zu dünn, zu dumm oder zu hässlich. Das ist nicht gut. Es bedeutet nicht, damit aufzuhören, aber nimm es wahr und sieh, was für Folgen daraus entstehen. Sobald du erkennst: Selbstbewertung verursacht wiederholt Schmerz, wirst du glücklich sein, damit aufzuhören und es gehen zu lassen.

Wach morgens auf und denke darüber nach, wofür du dankbar bist – inklusive Dinge über dich selbst. Wenn du an einer Aufgabe scheiterst: Über was an dem Scheitern kannst du dankbar sein? Wenn du nicht perfekt bist: Über was an deiner Unvollkommenheit kannst du dankbar sein? Falls es hilft, kannst du ein Journal über diese Dinge anlegen, täglich oder wöchentlich.

4) Mitgefühl und Vergebung für dich selbst. Bemerkst du Urteile und Selbstbewertung: Sieh, ob du sie in Vergebung und Mitgefühl umwandeln kannst. Verurteilst du dich dafür, etwas nicht gut genug gemacht zu haben oder nicht gut genug für etwas zu sein: Kannst du dir selbst vergeben, so, wie du einem anderen vergeben kannst? Kannst du lernen zu verstehen, warum du es getan hast und sehen, dass du letztendlich keine Vergebung brauchst?

Wenn wir versuchen zu verstehen, erkennen wir: Wir haben das Beste getan, was wir konnten. Unsere Menschlichkeit, Umgebung, was wir gelernt und geübt haben ... Und darum brauchen wir nicht zu vergeben. Stattdessen sollten wir verstehen und versuchen, Dinge zu tun, die den Schmerz lindern könnten.

5) Lerne von allen Seiten. Wir neigen dazu, unsere Erfolge als gut anzusehen und unser Scheitern als schlecht. Warum sehen wir es nicht so, dass alles etwas ist, woraus wir lernen können? Sogar die schlechten Seiten sind ein Teil von uns, und wir können ebenso interessante und nützliche Dinge in ihnen finden.

6) Getrennt von deinen Gefühlen. Sehe deine negativen Gefühle als separates Ereignis und nicht als Teil von dir. Beobachte sie. Entferne die Macht über dich, indem du sie nicht als Gebote siehst, denen du glauben und folgen musst. Betrachte sie als vorbeiziehende Objekte, wie Wolken am Himmel vorbeiziehen. Aber diese Wolken haben keine Kontrolle, keine Macht über dich – und genau so wenig haben es negative Gefühle.

7) Sprich mit jemandem. Das ist eine meiner beliebtesten Techniken. Wir sind so in unserem Kopf drin, dass es schwierig ist, negative Gefühle und Gedanken zu trennen und die Dinge klar zu sehen. Über diese Dinge mit anderen Menschen zu sprechen – Freund, Ehepartner, Arbeitskollege –, kann dir helfen, dich besser zu verstehen. Benutze diese Technik zusammen mit einer der oberen Techniken.

Wenn du Selbst-Akzeptanz lernst und erfährst, erkennst du: Es ist immer verfügbar. Du kannst es haben, egal was du tust. Mit Selbst-Akzeptanz in der Mitte, kannst du lernen, interessante Dinge zu erschaffen und dich mit anderen zu verbinden. Es kann alles was du tust ändern, wenn du fleißig übst.

Aufgabe: Nimm dir vor, jeden Tag eine der genannten Techniken zu üben. Übe für eine Woche und wechsle dann zu einer anderen Technik. Mit täglicher Praxis werden diese Fähigkeiten zur Gewohnheit und zu deiner zweiten Natur.

HÄUFIG GESTELLTE FRAGEN

Um das Buch langsam zu Ende zu bringen, möchte ich noch ein paar Fragen beantworten, die oft gestellt werden.

Der erste Abschnitt scheint die größte Sorge für die meisten Menschen zum Thema Zufriedenheit zu sein: Zufriedenheit gegen Selbstverbesserung oder Zufriedenheit gegen Selbstgefälligkeit.

Ich verstehe diese Bedenken: Das war eines der Dinge, die ich in meinem Kopf debattiert habe, als ich begann, die Zufriedenheit zu erforschen. Alle Fragen zu diesem Thema stelle ich voran, bevor ich weiter unten die anderen Fragen beantworte.

Fragen zu Zufriedenheit gegen Selbstgefälligkeit oder Selbstverbesserung

Wie passt zufrieden sein, in ein Leben, mit dem menschlichen Bedürfnis, sich zu verbessern und zu helfen?

Das Bedürfnis, sich zu verbessern und zu helfen, verschwindet nicht, wenn du lernst, zufrieden mit dir und deinem Leben zu sein. Zum Beispiel bin ich zufrieden mit dem, wer ich bin – trotzdem liebe ich es, neue Dinge zu lernen. Du brauchst nicht unzufrieden mit dir oder dem Leben zu sein, um neue Dinge zu lernen. Das Gleiche ist es mit dem Helfen anderer Menschen. Meine Erfahrung ist: Du hilfst anderen Menschen viel lieber und hast Spaß daran, neue Dinge zu lernen, wenn du zufrieden bist mit dem, wer du bist.

Wie kann die Balance gehalten werden, zwischen der Kunst der Zufriedenheit und dem Wunsch, sich selbst und sein Leben zu verbessern? Müssen Menschen nicht erst extrem unzufrieden sein, damit sie fähig sind, etwas zu verändern?

Die Unzufriedenheit stellt sich als unnötig heraus. Wir sind wohl alle davon überzeugt, dass Änderungen erst durch ein gewisses Maß an Unglücklichsein darüber herrühren, wie die Dinge gerade sind – doch das stimmt nicht. Zufriedenheit und Änderungen schließen sich nicht gegenseitig aus. Ein Beispiel zeigt die nächste Frage:

Ich befasse mich seit 25 Jahren mit dem Zen-Buddhismus. Ich verstehe den Wert von Zufriedenheit und dem Leben im »Jetzt«, gegenüber immer aufstrebend und aufgewühlt. Aber ich verstehe auch, dass es so etwas wie

Stillstand nicht gibt. Wie kannst du Zufriedenheit aufrecht halten, ohne selbstgefällig und rückschrittlich zu werden? Ich schwanke zwischen Zeiten von Leistung und Verbesserung, und Zeiten, in denen ich das Leben genieße, wie es ist. Das Problem ist: Ich stecke zu lange in dem einen oder anderen Modus fest. Was kann ich tun?

Um die richtige Balance zu finden, braucht es etwas Feinabstimmung. Ich empfehle: Kombiniere die beiden Arten – Leistung/Verbesserung, und das Leben genießen wie es ist. Sie passen gut zusammen. Genieße das Leben wie es ist, welches Wünsche, wie anderen zu helfen (Leistung), und die Liebe zum Lernen (Verbesserung), schon enthält.

Du brauchst nicht aufhören, das Leben im Jetzt zu genießen, um es zu lieben, anderen Menschen zu helfen, oder es zu lieben, etwas Neues zu lernen – oder andere Dinge zu lieben, die etwas leisten oder verbessern.

Viele würden sagen: Zufriedenheit ist ein Zeichen für Mittelmäßigkeit. Ist es das?

Nein. Das liegt nur an der Unwissenheit darüber, was Zufriedenheit ist. Zufriedenheit ist nicht: faul zu sein und nichts zu tun. Zufriedenheit ist: glücklich zu sein und zu genießen, was du tust – das schließt gute Arbeit mit ein.

Zufriedenheit ist wunderbar – Selbstgefälligkeit ist gefährlich. Wie kann Zufriedenheit und Selbstgefälligkeit getrennt werden?

Eine Verpflichtung gegenüber anderen zu haben, hilft sehr. Wenn du ein Geschäft betreibst, hast du Verpflichtungen gegenüber deinen Kunden: Du musst sie freundlich bedienen und guten Service leisten – auch wenn das vielleicht nicht immer einfach ist. Aber du kannst zufrieden sein, und trotzdem diese Verpflichtung voll erfüllen. Und du kannst auch deine Beziehungen zu anderen pflegen. Dies sind gute Dinge, und du kannst sie tun, sogar wenn du zufrieden bist.

Balance ist wichtig. Gegenwärtige Zufriedenheit gegen Ziele für die Zukunft. Was macht andere Menschen glücklich, gegen das, was dich glücklich macht.

Zufriedenheit kann gegenwärtig sein, inmitten all den anderen Dingen – eigene Ziele und andere Menschen glücklich machen, schließt das nicht aus. Zum Beispiel kann ich zufrieden mit mir selbst und meinem Leben sein, möchte aber trotzdem anderen Menschen helfen. So könnte mein Ziel sein, neue Schulen in Südostasien zu bauen. Mein Ziel wird angetrieben durch eine Liebe, anderen zu helfen – und nicht durch einen Mangel an Zufriedenheit.

Andere glücklich machen, kann zur gleichen Zeit

passieren, in der du glücklich mit dir selbst bist. Das Eine schließt das Andere nicht aus. Aber eine Balance zwischen unterschiedlichen Aktivitäten ist immer etwas, woran wir arbeiten – sogar dann, wenn wir Zufriedenheit finden.

Meiner Meinung nach steht Zufriedenheit im Gegensatz zum menschlichen Zustand. Wir haben einen angeborenen Wunsch nach mehr. Wir sind nie richtig zufrieden. Nimm als Beispiel 1% der reichsten Filmstars. Obwohl sie um materielle Dinge nicht kämpfen müssen, sind die meisten nicht zufrieden. Tatsächlich sind viele unglücklich, abhängig von Drogen und anderen Süchten – als ein Versuch, Zufriedenheit zu erreichen.

Es ist schwer zu argumentieren, dass Zufriedenheit im Gegensatz zum menschlichen Zustand steht. Sicherlich ist es ein Widerspruch zu unserem kulturellen Zustand. Jedoch haben viele Menschen auf der Welt – in armen und in gewöhnlichen Verhältnissen – es geschafft, zufrieden zu sein. Sicher, es ist nicht leicht, zufrieden zu sein, wenn die Grundbedürfnisse, wie Nahrung und Unterkunft, nicht gedeckt sind. Aber die Wahrheit ist: Es gibt keine bestimme Voraussetzung für Zufriedenheit – du hast immer das Rohmaterial dazu, welches dein Verstand, dein Geist ist. Du brauchst nur zu würdigen, was in dir ist und alles um dich herum. Und das kannst du tun, egal wo du bist oder wie deine Lebensumstände sind.

Weitere gute Fragen

Wie besiegst du die Angst, etwas zu verpassen?

Eine sehr gute Frage. Die Angst, etwas zu verpassen, ist das Herzstück dessen, was Zufriedenheit ist. Wenn wir fürchten, etwas zu verpassen, worüber sind wir wirklich besorgt? Wir fürchten, dass wir kein Teil sind von etwas Wichtigem, Lustigem, Aufregendem ... In unseren Köpfen haben wir diese Wunschvorstellung: Ein Teil von allem Wichtigem, Lustigem und Aufregendem sein zu können. Das ist natürlich nicht immer wahr – es ist nur eine Fantasie. Erkennen wir diese Fantasie, können wir aufmerksam auf das sein, was direkt vor uns liegt – was wir haben; wer wir sind; was wir tun; mit wem wir zusammen sind. Diese Dinge sind wunderbar. Wir müssen nur lernen, sie zu würdigen, um zufrieden zu sein. Die gleiche Methode nutzen wir, um andere Ängste und Unzufriedenheit zu bekämpfen.

Was ist mit Zufriedenheit, wenn die wichtigsten Mitmenschen, wie Ehegatte, Partner oder Familie, generell nicht zufrieden sind? Wie geht man mit der Unzufriedenheit der anderen um? Was kann man tun, damit die Unzufriedenheit der anderen, keinen Einfluss auf das eigene Vorhaben hat, zufrieden zu sein?

Das ist schwierig, aber es ist eine Fähigkeit, die zu lernen sich lohnt. Ehrlich gesagt: Ich lerne selbst noch. Jedoch das Bisschen, was ich gelernt habe, hilft mächtig. Siehe dazu die Kapitel „Unsere Reaktionen auf die Aktionen anderer“ und „Binde dein Selbstwertgefühl nicht an Aktionen der anderen“. Lerne, dich zu konzentrieren: auf deine Reaktionen gegenüber anderen Menschen, oder Wörter und Aktionen von anderen gegen dich. Du kannst an deinen Reaktionen arbeiten, egal was ihre Aktionen sind.

Eine weitere Möglichkeit, deinen Fokus in dieser Situation zu verschieben, ist, Mitgefühl für die andere Person zu entwickeln – sie ist unzufrieden, was bedeutet: sie leidet. Du weißt, was das ist. Und es ist kein Spaß. Sei deshalb mitfühlend; fühle ihr Leiden und sieh, ob es einen Weg gibt, wie du helfen kannst – ohne dabei bevormundend zu sein.

Wie reagierst du auf Menschen, die dich antreiben, mehr zu tun, mehr zu haben, mehr zu sein, wenn du bereits zufrieden bist, mit: was, wer und wo du bist?

Lächle und umarme sie. Was wir lernen müssen, ist: Egal wie zufrieden wir sind, es gibt immer Menschen, die erwarten, dass wir anders reagieren. Menschen, die uns antreiben oder wütend auf uns sind oder dafür sorgen, dass wir uns schuldig fühlen. Das ist okay. So ist die Art in der Welt, und wir können sie niemals ändern.

Das Einzige, was wir ändern können, ist die Art und Weise, damit umzugehen. Deshalb schlage ich vor: Lerne, mit diesen Menschen zu fühlen. Lächle und umarme sie. Es ändert vielleicht nichts und sie könnten dich trotzdem antreiben oder wütend auf dich sein – aber viel wichtiger ist: Du hast deine Reaktion auf sie geändert.

Leben wir in einer Welt von zu vielen Möglichkeiten?

Ja. Zu viele Möglichkeiten sind wirklich eine Herausforderung – es hilft, einige Grundsätze zu haben, die dich führen: Wie das Prinzip des Mitgefühls und anderen zu helfen; das Prinzip der Neugier; das Prinzip vom Aufbau von Beziehungen. Aber sogar dann bist du unsicher, weißt nicht, wie du dich entscheiden sollst, bei all den Möglichkeiten. Die Idee ist: Es ist okay, unsicher zu sein. Treffe deine Wahl und lasse die Furcht los, ob du dich richtig entschieden hast – eine Sicherheit gibt es nie. Du kannst es nur versuchen, sehen was passiert und lernen. Also leg die Speisekarte weg, nachdem du bestellt hast – vergiss es und du bist glücklicher.

Der gewöhnliche Mensch und seine unnachgiebige Verfolgung materieller Dinge, fördert doch die Idee von Menschen, das Konzept der Zufriedenheit nie zu verstehen.

Das unerbittliche Streben nach materiellen Dingen. Unternehmen machen uns und unser Leben absichtlich unzufrieden; beeinflussen uns, sodass wir ihre Lösung (ein Auto, neue Schuhe, ein neues Gerät ...) kaufen. Und so verfolgen wir ständig einen Traum von materieller Zufriedenheit – was offensichtlich nicht gelingt und auch niemals endet. Es ist eine Fantasie. Wir denken, wir brauchen das alles, um glücklich zu sein, aber es macht uns nicht glücklich. Stattdessen können wir gleich jetzt glücklich sein, mit dem, was wir schon haben.

Es ist eine Herausforderung, sich stets daran zu erinnern, zufrieden mit dem zu sein, was wir bereits haben. Sobald ich mich erinnere, ist es einfacher.

Absolut. Wie erinnern wir uns daran, zufrieden zu sein? Das ist eine geistige Gewohnheit, die schwer zu formen oder zu ändern sein kann. Da hilft nur üben, üben, üben – das ist der normale Weg. Du versuchst es heute, dann vergisst du es, überdenkst was passierte und erkennst: Du hast es vergessen. Und dann versuchst du es erneut.

Wie gehst du mit den Erwartungen anderer Menschen um? Ich bin Hausfrau und Mutter von einem zwei Jahre alten Sohn. Ich bin glücklich darüber, meine Zeit mit ihm zu verbringen. Die Leute fragen mich immer, wann ich wieder zu arbeiten anfange? Es scheint, arbeiten ist das „normale“ Ding. Doch ehrlich gesagt bin ich zufrieden, die Dinge so zu lassen, wie sie sind. Jedoch lassen die Erwartungen anderer Menschen mich schuldig fühlen.

Andere Menschen erwarten immer etwas von uns – egal was wir tun. Wichtig ist: zu lernen, intern mit den Erwartungen anderer Menschen umzugehen. Wir können versuchen, ihren Erwartungen zu entsprechen, aber auch dann gäbe es andere Erwartungen, die wir nicht erfüllen. Und wer will schon den Erwartungen aller Menschen entsprechen? Ich jedenfalls nicht. Deshalb müssen wir die Wunschvorstellung loslassen, dass jeder zufrieden ist, mit dem, was wir tun – diese Vorstellung ist unerreichbar. Stattdessen arbeite innerlich damit. Lass es los. Würdige das, was du tust und wer du bist. Du hast dann die Zustimmung, die du möchtest – deine eigene und nicht die anderer Menschen.

Übrigens ist dies eine gute Gelegenheit, Menschen zu erziehen. Wenn sie besorgt um dich sind, danke ihnen, und erzähle ihnen über das, was du tust und warum. Es ist schön, dass sie besorgt um dich sind; sich kümmern. Und deshalb solltest du dankbar dafür sein. Aber versuche, sie auch zu engagieren, sodass sie Verständnis entwickeln, für das, was du tust. Das ist ein langer Prozess. In der Zwischenzeit sei zufrieden und lächle.

Wie kann man glücklich sein mit der „Work-Life-Balance“, also das Arbeits- und Privatleben vereinbaren?

Eine schwierige Frage. Die Leute meinen oft Verschiedenes, wenn sie über „Work-Life-Balance“ sprechen. Wie wir wissen, ist Arbeit ein Teil des Lebens; die Trennung davon ist künstlich und unnötig. Oft meinen die Menschen, sie arbeiten zu viel und möchten mehr Zeit für andere Dinge – das ist vollkommen berechtigt. Du kannst dir Grenzen bei der Arbeit setzen, sodass du mehr Zeit für dich hast. Zeit, die du nutzen kannst für Meditation, Yoga, Sport, eine Fremdsprache lernen, sich mit Freunden treffen ...

Aber es ist auch wichtig, zufrieden während der Arbeit zu sein – was du absolut sein kannst, wenn du den Prinzipien dieses Buches folgst.

Ich kann nicht zufrieden sein mit meinem Wissen. Ständig suche ich nach mehr (Bücher, Filme, Recherchen, Vorträge) zu den verschiedensten Themen. Wie kannst du zufrieden sein mit dem Wissen, das du bereits hast?

Von der Suche nach Wissen gibt es zwei Arten: Die

erste ist, zu denken, du weißt nicht genug oder du weißt nicht die wichtigen Dinge – darum musst du dauernd nach noch mehr Wissen suchen und lernen. Das ist die Furcht, nicht den idealen Wissensstand zu erreichen – was eine Fantasie ist.

Die zweite Art ist, zufrieden mit dem zu sein, was du weißt, aber trotzdem neugierig auf andere Dinge bist – und deine Liebe, neue Dinge zu lernen, zu würdigen weißt.

Ich empfehle die zweite Art. Lass die Fantasie vom idealen Wissensstand los. Es ist der gleiche Prozess, wie andere Fantasien loszulassen, wie in diesem Buch erklärt wurde.

Die Schwierigkeit, zufrieden zu sein, scheint verwandt zu sein mit unerfüllten Erwartungen und Entscheidungen. Vereinfacht: Die Dinge sind nicht so, wie wir möchten. Ich verstehe, dass achtsame Meditation das mächtigste Werkzeug ist, um loslassen zu lernen; den jetzigen Moment schätzen zu wissen; zufrieden und dankbar zu sein. Aber es scheint, es braucht eine sehr lange Zeit, um genug Achtsamkeit zu erreichen, damit es Zufriedenheit entwickelt. Hast du vielleicht ein paar zusätzliche Übungen, die mit Achtsamkeit zusammenpassen? Ich möchte daran arbeiten, Zufriedenheit direkter zu erreichen.

Achtsamkeit ist wichtig; sie ist nötig, um mit den Wunschbildern, Erwartungen, Urteilen und Vergleichen zu arbeiten, die wir den ganzen Tag in unseren Köpfen haben. Leider sind wir uns über diesen Vorgang nie bewusst. Darum müssen wir lernen, gewahr zu sein – das ist Achtsamkeit. Wir müssen lernen, unsere Aufmerksamkeit nach innen zu richten, um mit diesen Vorgängen zu arbeiten. Du kannst das mit Yoga oder Meditation tun; oder du kannst dich einfach daran erinnern, aufmerksam auf diese Vorgänge zu achten; mehrmals am Tage nach innen zu kehren, bis du gelernt hast, achtsamer auf diese Vorgänge zu sein, ohne dich ständig daran erinnern zu müssen, achtsam zu sein.

Wie findest du Zufriedenheit, während du trauerst? Und ich meine nicht die erste Trauer, die mit dem Schock eines Verlusts kommt. Ich meine die langsam brennende Trauer, die in den Monaten und Jahren danach folgt. Ich fühle mich jetzt selbstgefällig und gleichgültig, aber jede Spur von Freude oder Zufriedenheit fühlt sich flüchtig an.

Das ist eine wirklich schwere Herausforderung. Ich behaupte nicht, dass es einfach ist. Allerdings ist es hilfreich, die inneren Vorgänge zu beobachten, die hier stattfinden: Trauer ist das Leiden, das nicht durch den äußeren Verlust von jemanden oder etwas entsteht, sondern von dem inneren Verlust des Wunsches, dass dein Leben einen bestimmten Weg läuft (einen bestimmten jemand in deinem Leben zu haben, zum

Beispiel).

Ich sage das nicht, um deine Trauer als unbedeutend hinzustellen, sondern zu zeigen, was wir alle tun, wenn wir trauern. Wir trauern um den Verlust eines Ideals; der Verlust von etwas, von dem wir glaubten, wir selbst zu sein. Können wir das erkennen, können wir dieses Wunschbild loslassen, weil die Wahrheit ist: Es gibt kein einziges Ding, wie unser Leben sein wird, noch ein einziges Selbst, was wir immer sein werden. Alles ist vergänglich und ständig am wechseln. Akzeptiere die Veränderungen und sehe das Gute darin. Es mag fürchterlich klingen, anzudeuten, dass wir glücklich sein sollten, wenn jemand gegangen ist (Ich sage das nicht), aber es ist wichtig, in der Lage zu sein, die Veränderungen des Lebens (und Veränderungen von uns selbst) anzunehmen. Okay, ein geliebter Mensch ist für immer nicht mehr in unserem Leben, was traurig ist, aber es ist eine Möglichkeit, uns und unser Leben neu zu entdecken; herauszufinden, was wir mögen, an der neuen, veränderten Wirklichkeit. Noch einmal: Das ist eine schwere Herausforderung, aber wirklich wichtig zu lernen, weil in Wahrheit passiert es die ganze Zeit, auf verschiedenen Ebenen.

Wie kannst du zufrieden bleiben, trotz schlechter Entscheidungen in der Vergangenheit, mit deren Konsequenzen du für den Rest deines Lebens zu leben hast? Manche schlechte Entscheidung kannst du nicht hinter dir lassen, weil du ihnen jeden Tag begegnest

und sie dich Tag für Tag beeinflussen.

Schlechte Entscheidungen und ihre Konsequenzen wird es immer geben. Wir können sie niemals loswerden oder ändern. Das einzige Ding, was wir ändern können, ist unsere Denkweise, unsere Reaktion ihnen gegenüber. So ist ein Weg, schlechte Entscheidungen zu betrachten, der, dass alles ein Teil des Lernprozesses ist – was eine gute Sache ist. Wir wollen lernen. Und Fehler machen ist ein Teil vom Lernen. Nur durch Fehler lernen wir wirklich. Akzeptiere Fehler als einen Teil dieses großartigen Prozesses.

Ein anderer Weg, die Konsequenzen der Entscheidungen aus der Vergangenheit zu betrachten, ist: sie sind nur externe, äußere Reize; sie sind nur schlecht, weil wir sie mit einem Wunschbild vergleichen. Wenn wir das erkennen, können wir das Wunschbild loslassen (es verletzt uns). Und stattdessen darauf konzentrieren, das wertzuschätzen, was direkt vor uns liegt.

Ich frage mich immer: Wie kann man dieses Niveau an Größe erreichen? Ist es, sich selbst mit erfolgreichen Menschen zu umgeben? Freundlich zu sein? Wie bin ich fähig, Zufriedenheit zu finden, in einem Gebiet, wo auf Frieden schwer zu stoßen ist, aufgrund der Ego-Unterschiede zwischen den anderen Menschen? Hier in der Großstadt scheinen die Menschen

paranoid zu sein und ausgeschlossen von den anderen. Wer mit anderen spricht, wird oft als „verrückt" bezeichnet. Die Menschen bleiben verschlossen, weil es scheint, sie wollen keine Erfahrung mit dem Leben machen.

Es hilft auf jeden Fall, dich mit positiven Menschen zu umgeben. Menschen, die dich unterstützen, dich inspirieren, dich verantwortlich halten für die Veränderungen, die du machst. Beziehungen und Vertrauen aufbauen, vertrauenswürdig sein, aufrichtig, anderen Menschen helfen wollen und gut darin sein, was du tust ... auch das hilft.

In einer Umgebung, in der die Menschen ausgeschlossen voneinander leben, ist es nicht leicht, freundlich und zufrieden zu sein. Du kannst deine Umgebung wechseln. Du könntest umziehen. Du könntest in Online-Foren aktiv sein, wo du nicht begrenzt auf die Menschen bist, die dich physisch umgeben.

Dennoch glaube ich: Wenn du freundlich, mitfühlend und hilfreich bist, findest du auch solche Menschen in deiner Nachbarschaft – sogar wenn die meisten Leute über dich urteilen (das ist okay).

Wie findet man Zufriedenheit als Student vor dem Examen? Zufrieden in dieser schwer beschäftigten Zeit und zufrieden mit schwierigen Entscheidungen zu sein: Zu

wählen, die geliebten Mitmenschen zu verlassen und im Ausland zu studieren oder zu bleiben und vor Ort zu studieren?

Du kannst beschäftigt und trotzdem zufrieden sein. Zufriedenheit ist nur ein Glücklichsein mit dir selbst und deinem Leben. Und das kannst du fühlen, auch wenn du studierst und vor dem Examen stehst.

Schwere Entscheidungen zu treffen ist immer schwierig – auch wenn du zufrieden bist. Der Trick ist: Zufrieden zu sein mit der Entscheidung, nachdem du sie gemacht hast; die Sorge loslassen, was passiert, wenn du dich falsch entschieden hast, während du aufmerksam bist und guckst, wie sich deine Entscheidung auswirkt, und was du über dich selbst lernen kannst, in diesem Vorgang.

Lange war mein Leben steinig und schwierig, aber für mich eine Gewohnheit. Jetzt hab ich Probleme, mein Leben ruhig und gelassen zu gestalten. Wie kann ich die Dinge „okay" sein lassen, wenn die Dinge „okay" sind?

Wir fallen in geistige Gewohnheiten. Wir wünschen uns Aufregung und emotionelles Drama. Oder zu gleichen Teilen Zufriedenheit und Aufregung. Und wenn du das für eine lange Zeit erlebt hast, wird es zur Normalität. Es ist gut, dass du das erkennst – viele Menschen können es nicht. Jedenfalls kannst du diese geistige Gewohnheit loslassen, mit Achtsamkeit und

Übung. Wenn die Dinge okay sind: richte deine Aufmerksamkeit mehr auf die Schönheit dieses Friedens, als dir Aufregung und Drama zu wünschen, an die du gewöhnt warst. Wenn du bemerkst, dass du dir dieses steinige Leben wünscht, lies diesen Text, und lerne, wieder das zu schätzen, was du hast. Das braucht wiederholte Übung.

SCHLUSSFOLGERUNG

Zufriedenheit ist eine starke Kraft. Lerne die Fähigkeiten der Zufriedenheit und dein Leben wird auf viele Arten besser sein:

- Du genießt dein Leben mehr
- Deine Beziehungen sind stärker
- Dein Umgang mit anderen Menschen ist besser
- Du bist gesünder und gut darin, gesunde Gewohnheiten zu bilden
- Du kannst dich besser leiden und traust dir mehr zu
- Du bist nicht mehr so neidisch
- Du lebst mehr im Frieden und bist weniger zornig
- Du bist glücklicher mit deinem Körper
- Du bist glücklicher – egal was du tust oder wer dich umgibt

Das sind alles Vorteile von einem kleinen Paket an Fähigkeiten. Investiere etwas Zeit, um die Fähigkeit der Zufriedenheit zu lernen – es ist die Mühe wert und entschädigt dich für den Rest deines Lebens.

Falls es für dich unerreichbar zu sein scheint, Zufriedenheit zu lernen ... erkenne: du kannst sofort zufrieden sein, während du lernst. Zufrieden sein, bei jedem Schritt auf dem Weg und nicht erst am Ende des Weges.

Und wie kannst du zufrieden sein, bei jedem Schritt entlang des Weges? Ganz leicht: indem du den Prozess genießt. Blick nicht zu weit den Weg hinunter, sondern freue dich über das, was du gerade tust und die guten Dinge über dich selbst in diesem Moment. Das ist etwas, was du genau jetzt tun kannst – und es ist jeden Moment verfügbar.

DIE FÄHIGKEITEN DER ZUFRIEDENHEIT

Was sind die Fähigkeiten der Zufriedenheit? Wir haben sie alle in diesem Buch besprochen. Hier sind sie noch mal zusammengefasst:

1) Wahrnehmung. Erkenne, wenn du Vergleiche machst; wenn du Ideale, Fantasien und Erwartungen hast; wenn sie unzufrieden machen und Schmerzen auslösen.

2) Akzeptanz/Annahme. Schlag dich nicht damit herum. Akzeptiere, dieser Vorgang passiert. Es ist ein Teil des Lebens. Akzeptiere es, stelle dich und finde die passende nicht-emotionale Reaktion.

3) Lass Vergleiche los. Bemerkst du Vergleiche: Akzeptiere, dass du sie gemacht hast. Jedoch erkenne: sie verletzen dich und sind komplett unnötig. Du kannst sie loslassen und zufrieden sein.

4) Mitgefühl. Mitgefühl für dich selbst – das ist, wie du die Ideale und Vergleiche loslässt. Sie verletzen dich, machen dich unglücklich. Sei darum mitfühlend mit dir selbst und lass sie los. Lass sie sein.

5) Wertschätzung. Statt an Vergleichen und Idealen festzuhalten, konzentriere dich darauf, wertzuschätzen: was du hast, wer du bist, was du tust, und mit wem du dich umgibst. Finde das Gute in jedem Ding, inklusive dir selbst.

6) Liebe dich selbst und alles andere auch. Sobald du das Gute zu schätzen weißt – an dir selbst und an alles und jedem in deiner Umgebung –, lerne, es zu lieben. Das ist die Schönheit des Lebens und es ist erstaunlich.

Dies sind die Schlüssel-Fähigkeiten. Sie werden dir gut bei allen Problemen helfen, die wir in diesem Buch besprochen haben – ungesunde Gewohnheiten, Eifersucht, sich selbst zu hassen, schlechte Beziehungen, Schulden, Zögern/Aufschieben und viele mehr.

Diese Fähigkeiten brauchen Zeit, gelernt zu werden. Ein kleiner Schritt zur Zeit, und du kannst sie lernen. Und genieße jeden kleinen Schritt entlang des Weges.

Ich vertraue, dass du diese Fähigkeiten lernen kannst; dass sie dein Leben zutiefst verändern; dass sie dich zufrieden und glücklich machen. Ich danke dir herzlich, dass du mein Buch zu Ende gelesen hast. Danke dir für deine Aufmerksamkeit.

Ich weiß das sehr zu schätzen.

ALLE AUFGABEN AUF EINEN BLICK

1. Nimm dir etwas Zeit und denke darüber nach, welche Probleme der oben genannten Beispiele (und andere) du haben könntest. Sei aber bitte ehrlich zu dir. Kannst du in jedem Problem die Wurzel der Unzufriedenheit mit dir und deinem Leben sehen?

2. Frage dich, ob du jetzt gerade zufrieden bist? Falls nicht: Wann bist du zufrieden? Was hält dich auf?

3. Denke über deine Wunschbilder und Ideale nach, mit denen du dich vergleichst. Frage dich auch, ob du dir zutraust weiterzumachen, Veränderungen beizubehalten, und die Dinge zu tun, die getan werden müssen.

4. Denk über die Dinge nach, die du an dir verändern möchtest. Danach versuche, ein paar Eigenschaften zu finden, die du an dir magst und dich wirklich glücklich machen.

5. Erinnere dich an Zeiten, in denen du dich mit anderen Menschen verglichen hast. Was haben die anderen getan, besonders in letzter Zeit? Woher hast du das Fantasie-Bild, die Illusion von den anderen, mit denen du dich vergleichst? Filme, Zeitschriften, Nachrichten, Blogs, soziale Medien?

6. Mach dir eine Notiz, wenn du enttäuscht, frustriert, gestresst, unglücklich, zornig, ... bist. Schreibe auf, welchen Fantasien du in solchen Momenten hast. Diese Übung hilft, die Fantasien loszulassen.

7. Untersuche eines deiner erfundenen Fantasie-Bedürfnisse. Stell dir folgende Fragen: Warum ist es ein so wichtiges Bedürfnis? Was passiert, wenn du dieses Bedürfnis vernichtest? Wie gut wäre das? Hättest du mehr Freizeit und mehr Zeit, um konzentriert und kreativ zu sein? Oder weniger Stress und jeden Tag ein paar Dinge weniger zu kontrollieren? Welche schlechten Dinge passieren oder könnten passieren, wenn du das Bedürfnis vernichtest? Und wie wahrscheinlich ist es, dass diese schlechten Dinge passieren? Und was könntest du dagegen unternehmen?

8. Guck in den Spiegel – nackt, wenn es geht. Sonst ziehe zumindest dein T-Shirt hoch. Betrachte deinen Oberkörper und dein Gesicht. Was siehst du? Erkennst du an dir, was du so schlecht bewertest und mit anderen vergleichst? Dein genaues Fantasie-Bild erkennst du vielleicht nicht, aber es basiert auf Bildern aus den Medien oder auf etwas anderem, was du in deinem Leben gesehen hast.

Versuche, deinen Körper und Gesicht zu sehen, ohne darüber zu urteilen. Akzeptiere ihn so, wie er ist – ohne zu denken: „Ich wünschte, ich wäre anders." Aber es ist nicht anders. Es ist genau so, wie es ist. Und das ist die perfekte Version davon, wie auch immer sie ist; es gibt keine bessere Version davon.

9. Nimm dir ein paar Minuten, um über deine externen Quellen des Glücks und der Zufriedenheit nachzudenken. Was macht dir Spaß? Was macht dich glücklich? Und was passiert, wenn diese Dinge oder Menschen nicht greifbar sind, um dich zufrieden und glücklich zu machen? Wie fühlst du dich dann?

Beobachte dich selbst, wenn du diese Arten von Vergnügen suchst. Beobachte, wenn du Bestätigung und Zufriedenheit bei deinen Lebenspartnern suchst. Beobachte, was passiert, wenn sie nicht da sind, und wie deine Zufriedenheit hoch- und runtergeht, abhängig von dem, was gerade in der äußeren Welt geschieht.

10. Erinnere dich immer an diese Wahrheit: Wahrnehmen und die guten Eigenschaften an etwas zu schätzen wissen, bewirkt, dass wir glücklich und zufrieden mit dem Leben sind. Und je mehr wir unser Leben und uns selbst wahrnehmen und schätzen, desto glücklicher sind wir.

11. Denk darüber nach, was dich die letzten Tage belästigt, enttäuscht, verärgert oder frustriert hat. Wie kannst du das Wunderbare in diesen Dingen finden?

12. Schreibe dir drei Phrasen auf, die du immer dann zu dir sagst, wenn du unangemessen auf die Aktionen der anderen reagierst:

„Gib deiner Reaktion etwas Raum, etwas Zeit. Wir sind alle am lernen. Die anderen sind nie das Problem."

Hab die Phrasen immer in deiner Nähe. Wenn du das

nächste Mal bemerkst, dass du auf eine Aktion anderer unangemessen reagieren wirst oder schon reagiert hast, dann sage diese Phrasen leise zu dir selbst.

13. Nimm dir kurz Zeit, um im Kopf zu wiederholen, wie du kürzlich von jemandem verletzt wurdest, der dir nahe steht. Und denk darüber nach, wie du es vielleicht in deinem Selbstbild verinnerlicht hast. Jetzt wiederhole den Vorfall im Kopf in einer neuen Weise, indem du dir vorstellst, wie du die drei Schritte von oben genutzt hast. Übe die Fähigkeit zuerst im Kopf, indem du die Vorfälle geistig wiederholst. Und dann versuche es praktisch anzuwenden, wenn du fühlst, der Vorgang passiert in der Zukunft.

14. Nimm dir ein paar Minuten Zeit, um über deine jetzige oder frühere Beziehungen nachzudenken. Gab es Zeiten der Abhängigkeit, Unsicherheit, Eifersucht, ein Mangel an Vertrauen, Bedürftigkeit? Oder Unabhängigkeit und Sicherheit? Falls Unsicherheit und Bedürftigkeit das Problem sind: Welche Ängste halten dich zurück? Kannst du sie gehen lassen?

15. Schreib die Dinge auf, die du an dir magst. Deine Talente, deine Stärken. Nimm dir für jeden Punkt etwas Zeit und würdige diese Dinge an dir. Nutze die Liste als Erinnerungsstütze. So erkennst du langsam deinen Wert und bist glücklich darüber, wer du bist.

16. Hör auf, dein Leben mit anderen zu vergleichen. Hör auf, zu vergleichen, wer du bist oder wie du aussiehst, im Vergleich zu anderen. Das ist leichter gesagt als getan. Dazu braucht es Bewusstsein. Und wenn du das Vergleichen bemerkst: unterbreche. Statt draußen auf die anderen Leute zu gucken, schau was du machst und würdige es. Entdeckst du etwas Gutes bei jemand anderen, was dich neidisch macht: Hör auf und guck dich selbst an. Was kannst du an dir Gutes finden und würdigen?

17. Nimm dir vor, jeden Tag eine der genannten Techniken zur Selbst-Akzeptanz zu üben. Übe für eine Woche und wechsle dann zu einer anderen Technik. Mit täglicher Praxis werden diese Fähigkeiten zur Gewohnheit und zu deiner zweiten Natur.

ENDE

IMPRESSUM

Ulf Dahlke

Effland 42

24220 Flintbek

info@der-buddhismus.de

www.der-buddhismus.de

Buchcover: @creativelog, fiverr.com

30403860R00063

Printed in Poland
by Amazon Fulfillment
Poland Sp. z o.o., Wrocław